青少年想知道的军史知识丛书

翱翔的雄鹰：空军的历史

本书编写组 编

世界图书出版公司
广州·上海·西安·北京

图书在版编目（CIP）数据

翱翔的雄鹰：空军的历史/《翱翔的雄鹰：空军的历史》编写组编.—广州：广东世界图书出版公司，2010.7（2021.5重印）

ISBN 978-7-5100-2500-6

Ⅰ.①翱… Ⅱ.①翱… Ⅲ.①空军-军事史-外国-青少年读物 Ⅳ.①E19-49

中国版本图书馆 CIP 数据核字（2010）第 147788 号

书　　名	翱翔的雄鹰：空军的历史
	AOXIANG DE XIONGYING KONGJUN DE LISHI
编　　者	《翱翔的雄鹰：空军的历史》编写组
责任编辑	康琬娟
装帧设计	三棵树设计工作组
责任技编	刘上锦　余坤泽
出版发行	世界图书出版有限公司　世界图书出版广东有限公司
地　　址	广州市海珠区新港西路大江冲 25 号
邮　　编	510300
电　　话	020-84451969　84453623
网　　址	http://www.gdst.com.cn
邮　　箱	wpc_gdst@163.com
经　　销	新华书店
印　　刷	唐山富达印务有限公司
开　　本	787mm×1092mm　1/16
印　　张	13
字　　数	160 千字
版　　次	2010 年 7 月第 1 版　2021 年 5 月第 9 次印刷
国际书号	ISBN 978-7-5100-2500-6
定　　价	38.80 元

版权所有　翻印必究

（如有印装错误，请与出版社联系）

前　　言

　　自从航空器——气球、飞艇出现以后，它们很快就被用于军事，并且出现了使用气球、飞艇的部队，开始形成空中武装力量。虽然这支初始的空中力量并不强大，但是气球、飞艇的军事运用确实发挥了地面部队难以起到的作用。然而航空器在空中作战中逐步发挥重要作用，还是在飞机诞生并从构造、性能到武器装备得到改进之后。飞机在军事上的运用所表现出来的优越性，使人们对飞机的认识有了新的飞跃，并在军事力量的编成中增加了新的组织成分——军事航空部队。

　　第一次世界大战爆发时，几乎所有参战大国都有了航空部队。随着战争的进展，飞机性能和作战效能的不断提高，作战任务也由单纯执行侦察、通信、炮校等辅助性勤务扩大为空战、对地攻击、远程轰炸等多种战斗活动，并建立了歼击机、轰炸机和侦察机航空兵部队。航空兵已发展成战斗兵种。

　　在两次世界大战之间的相对和平时期，随着科学技术的进步，世界范围的航空有了突飞猛进的发展，使各国空军的技术装备有了明显的改观。动荡不安的国际形势，两次世界大战之间的多次局部战争，为空中力量的大量使用、试验新的技术装备、验证空军军事理论等提供了有利机会。各国从各自的利益、战略思想和经济实力出发，在空中力量建设方面，以独立空军、陆军航空兵和海军航空兵的模式，对其发展进行积极探索，从而成为空军建设发展历史上十分重要的初创和探索时期，并对第二次世界大战中空中力量迅速发展和使用产生重要影响。

第二次世界大战是人类历史上规模空前的一场战争。在这场战争中，逐步成熟的空军得到了广泛使用。如果说空军在第一次世界大战是初登历史舞台，那么，在第二次世界大战中，空军则是大显身手。从大战开始直到结束，空军一直充当重要角色。

鉴于空军在战争中的特殊作用，空军的发展倍受各国重视。航空科学技术飞速发展，航空装备更加先进精良，空军如虎添翼，作战能力空前提高。空军在现代化局部战争中的广泛使用，使其对战争进程和结局的影响越来越明显，其作用更加引起人们的重视。导弹核武器的出现和发展，航天活动的起步和航天技术的发展并广泛用于军事，高新技术的应用，使作战飞机的各种性能、隐形效果空前提高，进攻武器威力增大，命中精度提高并向智能化发展，电磁战的效率越来越高。各国出于各自的军事战备，从国情、国力和军事的需要出发，积极更新和发展空军的武器装备，优化空军结构，加强空中力量合成，迅速提高空军的战斗力。空军成为增强国防力量和军队建设的重点。

本书自空军诞生伊始，从各个方面对空军发展历史进行了比较详尽的阐述，希望对空军历史好奇的你有所帮助。

目 录
Contents

空军的诞生
飞行器在战争中显露头角 …… 1
对飞机军事作用的思考 …… 9
航空部队的建立 …… 13

空军在第一次世界大战中的发展
航空技术装备的发展 …… 22
第一次世界大战中的空中作战 …… 27
空军军事理论初步形成 …… 32

第二次世界大战时期的空军及空战
德国空军的再次崛起 …… 46
"闪击"波兰 …… 49
北欧之战中的空军 …… 54
不列颠之战 …… 58

空降兵部队
苏联空降兵 …… 67
德国空降兵 …… 76
英国和美国的空降兵 …… 80

喷气式飞机时代下的空军
喷气式飞机时代的开始 …… 88
世界两大军事集团的形成及其空军建设 …… 98

导弹核战略阶段的空军
导弹核武器产生 …… 118
快速发展的航空新技术和武器装备 …… 131
航空新技术装备下的空军建设 …… 153

现代化局部空战与空军发展
越南战争中的空中作战 …… 157
中东地区各国的空军和三次有代表性的战争 …… 173
英国、阿根廷空军及在马岛战争中的空中作战 …… 186
美国空军袭击利比亚 …… 191
空军建设发展的趋势 …… 195

空军的诞生

恩格斯指出，一旦技术上的进步可以用于军事目的并且已经用于军事目的，它们便立刻几乎强制地，而且往往是违反指挥官意志而引起作战方式上的改变甚至变革。从1783年首次载人热气球升空发展到氢气球、飞艇，再到1903年有动力可操纵的飞机飞行成功，使人类几个世纪以来征服天空的愿望得以实现。它给人类生活带来巨大的变化，特别是航空器用于军事目的之后，新的战争力量——空军应运诞生。战争开始由平面转向立体，并由此引起军事思想、作战方法和军队建设的深刻变化。

恩格斯

飞行器在战争中显露头角

气球和飞艇问世后，人们便开始将其用于军事，并很快认识到它们在军事方面的价值。但是由于气球、飞艇性能的局限性和自身的弱点，只能在空中侦察、通信联络、校正炮射等方面发挥作用。飞艇虽然也用于对地

面和水上目标的轰炸，但效果甚微。而在空中作战中逐步发挥重要作用则是在飞机出现之后。随着飞机性能的改进，航空技术装备的逐步形成，飞机遂行任务的能力逐步提高，飞机在战争中才显露头角。

气球、飞艇在军事上的早期应用

法国是把气球用于军事活动最早的国家，也是最早利用气球实现人类升空理想的国家。1789年，法国在大革命爆发的当年，就成立了气球学校。1793年，法国政府设立了气球部，专门负责制造、装备和维修系留气球。1794年4月2日，法国成立了世界上第一个气球侦察分队，并在同年的奥法战争中，担任了军事观察和侦察任务。这是世界上最早的气球侦察分队，也是世界上最早利用航空器进行军事活动的部队。这支侦察分队的军事活动，成为法国军队在福留拉斯作战中取得胜利的主要原因。但是，当时的法军统帅拿破仑却没有看到利用系留气球可以提高战场观察的效果和对作战的作用，下令解散了气球队。

然而，有远见的军事家们并未受拿破仑的影响，他们积极扩大气球的军事用途。在1848～1849年的奥意战争中，奥地利军队为了镇压威尼斯的反奥起义，使用了200个小型自由气球，携带着"利布鲁"炸弹，企图将其送到威尼斯上空，但由于风的影响，未能达到预期目的。1859年，在奥地利入侵萨地尼亚的战争中，法国军队和萨地尼亚王国军队在索尔费里诺与奥地利军队决战时，法军使用了系留气球并使用了发明不久的照相技术，从空中对奥地利军队的阵地进行了侦察照相，提高了气球在军事上的使用价值。在1861～1865年的美国南北战争期间，南、北双方都使用了侦察气球。北

早期军用侦察气球

方军的萨迪尤斯·劳尔使用 T·S·济教授提供的热气球，卓有成效地侦察了南方军的行动。南方军总司令 R·E·李将军的部队离开其拉帕哈诺克营向西移动，发起葛底斯堡战役的情报，就是最先由气球侦察到的。甚至在华盛顿和气球之间也建立了电报通讯线，使华盛顿能直接得到侦察情况的报告。

1870～1871 年的普法战争，成为气球在军事上运用的转折点。1870 年下半年，巴黎被普鲁士军队包围，法国首都与外界的联系被切断。

1870 年 9 月 23 日，朱尔·迪鲁弗便驾驶气球从巴黎起飞，飞越围攻巴黎的普鲁士部队，3 个小时后，降落在法国未被普军占领的埃夫勒，传送了极其重要的公

普法战争

文急报。至 1871 年 1 月 28 日，法国首都为了与地方保持联系和运送人员、物资，共放出 66 个气球，其中只有 6 个落到敌方，2 个落到海上，成功率达 88％。他们利用气球运送了 9 吨重的邮件，393 只信鸽和 155 名人员，在运送的人员中包括法国共和派政治家、法国临时国防政府的国防大臣、法国将领甘必大。甘必大逃出重围后，在图尔、波尔多等未被占领地区发动军民为保卫祖国与普军作战。

法国在普法战争中对气球的成功运用，使世界各国对气球的军事价值和发展前途有了新的认识，并积极进行了使用气球的实践。1898 年的美西战争，1899～1902 年的英布战争，1904～1905 年的日俄战争，1911～1912 年的意土战争都使用了气球。许多国家还设立了气球的专门管理机构。1885 年，俄国在彼得堡成立了军用浮空部队，后来于 1887 年又改组为"浮空干部训练基地"。1890 年，英国皇家工兵配置了气球队。1892 年，美国在通信兵中设立了气球科。

由于气艇比气球有明显的优点，加上飞机的产生和发展，气球在军事利用方面的地位逐渐下降，以至到第二次世界大战期间已经基本解除了气球在军事方面担负的重要角色。

有动力装置的飞艇容易驾驶。因此，在轻于空气的飞行器中，飞艇更受军界青睐。各国原来设置的气球管理机构也因为装备了飞艇而扩大职能。到第一次世界大战之前，德国、法国、俄国、英国、意大利等国争先恐后地制造、装备各式飞艇，并成立了飞艇部队。在1911~1912年的意土战争中，意大利最早将软式飞艇用于军事目的，对土耳其部队进行轰炸和侦察。1915年1月19日，德国使用齐伯林号飞艇第一次在150米高度上对英格兰东部地区进行了空袭，又于5月31日空袭了伦敦。此后，德国飞艇不断对英国港口和伦敦进行轰炸。这些行动给英国以很大打击，迫使英国任命海军上将帕西·斯科特为防空司令官，采取措施加强防空。

在第一次世界大战中，飞艇的制造技术迅速发展。大战初期齐伯林号飞艇，容积为2.25万立方米，载重量8700千克，升限为2500米。大战末期德国制造的最大飞艇，容积已达6.85万立方米，有效载重量为5.2万千克，升限达685米。在第一次世界大战中，德国的飞艇主要是用于战略目的，在对英国进行连续的轰炸攻击中，未能达到预期的效果。而盟国方面的飞艇主要是用于担负沿海地区的警戒，搜索鱼雷、潜艇和护卫船只，虽然偶尔对潜艇进行攻击，但未对地面目标进行轰炸。

早期军用飞艇

由于飞艇容易遭到飞机和地面火力的攻击，第一次世界大战结束后，它也逐渐失去了在军事上的使用价值。飞机的出现及其军事实践，不仅预

示而且显示了战争样式和军队建设所发生的划时代变化。

最初的军用飞机

1903年12月17日,莱特兄弟设计制造的"飞行者"Ⅰ号以飞行时间59秒钟,飞行距离260米试飞成功。1905年10月试飞成功的"飞行者"Ⅱ号续航时间达到38分08秒,飞行距离超过了39千米。1908年,飞机的续航时间纪录达到2小时20分,飞机性能达到了新的水平。

莱特兄弟试飞

路易·布莱里奥和他的单翼机

继莱特兄弟之后,欧洲各国也纷纷研制和试飞新型飞机,对飞机的早期发展起到了积极的推动作用。法国的飞行员和飞机设计师亨利·法尔芒、莫里斯·法尔芒兄弟研制成功能够横侧操纵飞机的副翼,在飞机设计上采用了推进式双翼的布局,又创下了飞行续航时间和飞行速度的新纪录。法国飞行家路易·布莱里奥,将飞机的结构由箱式风筝双翼式改进为鸭式单翼结构,他设计制造的"布莱里奥Ⅺ"型单翼机,成功地进行了海上飞行。

法国人亨利·法布尔设计制造了世界上第一架浮筒式水上飞机,并于

1910年试飞成功，以时速60千米的速度飞行距离达到600米。同年，美国海军"伯明翰"号巡洋舰上加装了供飞机起降的平台，并成功地进行了首次双翼飞机在舰上的起飞。水上飞机和飞机在舰上的起飞成功，使飞机的适用范围迅速扩展。当时的飞机虽然在性能上得到不断改进，但是飞机的设备仍然很简陋，没有机载武器，没有挂弹装置，更没有瞄准设备。因此，飞机用于空中作战的规模不大，收效甚微。然而飞机在战争中使用的威力却得到了初步显示，并引起一些国家的重视。

飞机完成军事任务的先例——意土战争

飞机与气球、飞艇相比，其操纵性、机动性、灵活性明显高出一筹。所以，飞机诞生不久，便受到政界和军界的关注。1907年8月1日，美国在陆军通信兵中建立了航空处，由查尔斯·钱德勒上尉任处长。但是，作为世界上第一架飞机诞生地的美国，其军事当局对莱特兄弟的成就并未予以足够的重视，只是由于美国第26届总统西奥多·罗斯福的关注，军方才与莱特兄弟重新商定订购飞机的问题。1919年，其航空处接受了第一架飞机。

西奥多·罗斯福

法国的布莱里奥，于1909年7月25日驾驶自己设计的"布莱里奥"XI型单翼飞机首次飞越了英吉利海峡。当时，飞机还没有参与军事活动，布莱里奥的创举已在欧洲引起很大震动。法国人H·G·韦尔斯指出："……从军事观点来说，就是不用我们的舰队，这也不再是一个难以接近的岛屿了。"英国也预感到飞机带来的空中威胁。欧洲主要国家开始探索飞机在军事活动中的作用问题，英国、法

国、德国、意大利和奥匈帝国等，相继建立了军事航空部队和相应的组织机构，为飞机参加军事活动创造了条件。

1910年，墨西哥爆发资产阶级革命。1911年2月，波菲里奥·迪亚斯政府军队的一名飞行员奉命驾驶飞机飞越霍斯城，观察了革命军的阵地，这是飞机在战争舞台上的第一次亮相。但是飞机正式参战，并且首次发挥多方面的作用，是在1911~1912年的意土战争。

意土战争是一场帝国主义战争。当资本主义在欧洲确立和发展时，土耳其形成的奥斯曼帝国仍然是一个落后的而且日益衰落的封建王国。奥斯曼帝国的领土成为欧洲列强争夺的目标。1878年6月召开的柏林会议，是一次列强瓜分奥斯曼帝国的会议。会上修改了圣斯特法诺和约，由于分赃不均，造成巴尔干地区局势动荡。1911年9月，意大利为了占领土耳其在北非省份的黎波里塔尼亚和昔兰尼加，发动了对土耳其的战争。

意土战争爆发时，土耳其还没有飞机，而意大利已经建立了一个隶属于陆军的飞机连，拥有约20架军用飞机和32名飞行员。1911年9月25日，意大利向的黎波里塔尼亚派遣9架飞机、2艘飞艇和11名飞行员参战。这些飞机是"布莱里奥"Ⅰ型单翼机、"亨利·法尔芒"型双翼机了纽波特"式单翼机和"鸽"式单翼机。10月23日，队长皮亚扎上尉驾驶1架"布莱里奥"Ⅰ型飞机飞往的黎波里与阿齐齐亚之间的土耳其阵地上空，进行了约1小时的侦察。25日，副队长莫伊佐驾驶"纽波特"飞机进行侦察，发现在艾因扎拉地区有一个很大的土耳其军队营地，从而为其地面部队作战提供了有价值的情报。但是当他在目标上空盘旋时，其飞机机翼被土军的3颗来福枪子弹击伤。这是飞机首次遭到地面火力的杀伤。11月1日，意军飞行员朱里奥·加沃蒂少尉驾驶"鸽"式飞机，在北非塔吉拉绿洲和艾因扎拉地区向土军阵地投下4颗各重2千克的"西佩利"式榴弹，这是飞机作战史的首次轰炸行动。

在意土战争中，飞机参加作战还创造了若干先例，诸如地面电台向飞机传送无线电信号进行地空联络；1912年1月10日，用飞机投撒数千张规劝土军投降的传单；2月23日，皮亚扎上尉利用固定在飞机座椅上的蔡司硬片照相机进行了空中照相侦察；5月2日，第2航空队队长马连戈上尉首

次进行了30分钟的夜间航空侦察；5月8日，马连戈上尉又首次进行夜间轰炸，在黎明前对土军基地投了数枚炸弹等。

飞机在意土战争中的运用，仅仅是空中作战的萌芽，虽然规模不大，效果也不明显，但是，它预示了飞机在战争中的前途和战争的样式将发生革命性的变化。意土战争中的空中作战，使意大利当局意识到军事航空的威力，于是在1912年11月28日，将军事航空队扩建为军事航空营，积极为发展壮大军事航空创造条件。同时，这也引起了世界主要国家对军事航空的瞩目和效法，从而促进了军事航空事业的发展。

此外，在摩洛哥战争中，飞机也参加了作战行动。1911～1912年发生的摩洛哥战争，是法国发动的一场殖民战争。1911年4月，摩洛哥首都非斯爆发了反对殖民统治的人民武装暴动。法国借口保护其侨民和恢复"秩序"，出兵镇压摩洛哥人民的反抗。1912年3月，摩洛哥被迫与法国签订了"保护条约"，从此沦为法国的殖民地。在这场战争中，法国国防部于1912年初，派出6架飞机，组成法军航空队，执行侦察和通信任务。这些飞机装备了用于自卫的机枪，并在执行任务中携带了炸弹。因此，在作战中除了侦察和通信任务外，还轰炸了地面目标和摩洛哥军队以及聚集的土著居民。法军飞行员还用燃烧弹攻击过农田。由于法军使用的飞机数量有限，参战时间又短，所以作战效果不大。

巴尔干战争中的空中作战

在1912～1913年发生的两次巴尔干同盟诸国争取民族独立的战争中，空中作战效果比较明显。

巴尔干战争中的空中作战与以往不同，交战双方都拥有军事航空部队。希腊于1912年9月，建立了军用飞机中队，有4架"法尔芒"式双翼飞机和在法国受过飞行训练的陆军军官。保加利亚在战争期间组建了一支拥有12架"布莱里奥"和"布里斯托尔"式单翼飞机的陆军航空部队，雇佣俄国、意大利和英国飞行员参战。塞尔维亚在1912年已有一支拥有"布莱里奥"、"法尔芒"和"德佩尔迪桑"等型飞机10余架的军事航空队。土耳其也购买了"纽波特代"、"德佩尔迪桑"、"布里斯托尔"、"哈兰"等型飞

机，并雇请了外国飞行员。交战双方拥有的军事航空部队，都参加了作战行动。希腊的飞机中队，在塞萨利和伊皮罗斯战线进行了侦察活动，1架水上飞机还为希腊海军执行了侦察任务，并在飞越达达尼尔海峡时，投下4枚炸弹，试图轰炸达达尼尔海峡内的土耳其舰艇。保加利亚的航空部队在保加利亚军队包围土耳其的阿德里安堡（埃迪尔内）时，空投传单，对土耳其军民进行政治攻势。一名在保加利亚航空队服役的俄国飞行员沙可夫，于1913年2月8日，驾驶一架双翼飞机，携带6枚炸弹攻击了亚尼纳周围的城堡，造成了破坏和混乱，为保加利亚军队攻克该城创造了条件。塞尔维亚军事航空部队，在斯库台包围战期间执行了侦察任务。土耳其在战争中也不断使用飞机进行军事活动。

由于当时飞机性能低下，设备简陋以及飞机构造和驾驶技术等原因，飞机在军事上的早期运用，主要任务还是侦察和通信，所进行的轰炸也只是使用初步改装的炸弹和手榴弹，不仅炸弹的威力不大，而且由于飞机上没有瞄准装置，投弹也不准确，没有取得真正意义的轰炸效果。但是，飞机的初步军事实践已经显示了飞机在战争中发挥的作用。

巴尔干战争

对飞机军事作用的思考

飞机的问世和将其用于战争，是人类军事航空活动的一次飞跃。飞机在操纵、灵活、机动等技术战术性能方面具有气球、飞艇不可相比的优点，使它诞生不久便登上了战争舞台。飞机最初参加战争，虽然取得的军事效

果并不算大，但却对战争产生了重大影响，并且引起人们对飞机军事作用和价值的关注和思考。当然，由于受到当时飞机性能和战争实践的局限，还不可能形成比较系统成熟的理论。但是，一种全新的学术思想已经萌生。

从对飞机军事用途的怀疑开始

飞机诞生后，虽然以它起飞简单、便于操纵、机动性好、不受地面障碍限制等优点，受到人们的关注，但是在飞机正式参战以前，各国的官方对飞机的军事用途和发展前景并没有足够认识。美国是莱特兄弟的祖国，然而对莱特兄弟研制飞机及飞行成功的成就却未予以应有的重视。1907年10月1日，美国陆军通信兵司令詹姆斯·艾伦将军在写给军械装备委员会的信中，对飞机在军事方面的运用表示怀疑。他在信中说："任何一种飞行器的军事用途仅仅是进行观察和侦察。"对飞机作为进攻武器向敌方投掷爆炸物的可能性，他认为："速度大的飞机对投掷爆炸物是不适宜的。这是因为，越过敌人工事至少要离地400英尺（1英尺＝30.48厘米），在这样的高度上以30英里/时（1英里≈1.61千米）的速度飞行，即便经过大量练习，投掷的准确性也不会近于距目标半英里。"于是他确信，英国、法国、德国已经使用的飞艇的作用比飞机还要大。法国著名的军事思想家、法国元帅福煦也没有以军事家的远见对飞机在军事方面运用的价值给予正确评价。1910年，福煦元帅看到飞机时，竟认为飞机"飞着玩，用于体育运动可以，但军事上没有使用价值"。

不次于陆地、海洋的另一个战场——天空

对于飞机的出现，当时有些有识之士，已经认识到飞机将会带来空中威胁的严重性，预见到将会出现新的战争领域。1906年，当欧洲第一架飞机飞行成功以后，引起社会各界的强烈反响，对于飞机的作用，英国报界权威洛德·诺思克利夫感慨地说："成为新闻的不是人类能飞行，而是英国不再是岛国了。"1908年，英国作家H·G·韦尔斯写了《空中战争》一书。他在书中预言各国的空中力量将使战争的进行及战争的社会结果发生彻底变革。他断言，空中战争将成为一种"全面游击战争，一种使所有平

民、家庭以及社会生活的一切机构都不可避免地被卷入进去的战争"。1909年，法国人L·布莱里奥首次飞越英吉利海峡以后，H·G·韦尔斯对飞机的这一实践，直言不讳地说："从军事观点来说，就是不用舰队，英国也不再是一个难以接近的岛屿了。"从这些论断可以看出，在飞机诞生不久，飞机的军事活动十分有限，而且由于飞机性能、装备的限制，其在军事活动中的成效也不大的情况下，这些有识之士已经看到了飞机的军事价值，并预测由于飞机的出现和用于军事，将会引起军事领域的革命性变化。

杜黑的预见和最早出现的制空权思想

1909年，飞机诞生刚刚6年，当时的意大利陆军少校朱利奥·杜黑就从飞机早期的军事活动中预见到将会诞生新的军种——空军，并论述了空军的重要性。对此，他在《装备》报上发表的文章中写道："我们至今为止曾被无情地束缚于地面；我们曾经傲慢地、甚至几乎带着惋惜心情嘲笑那少数无畏的先驱者的努力，认为他们是自欺欺人，而结果却证明他们是真正的先知。我们只有陆军和海军，因而感到奇怪，天空也将成为重要性不次于陆地和海洋的另一个战场。但是，从现在开始，我们最好习惯于这种思想，并为将要到来的新的战争做好准备。如果有的国家能够离开海洋而生存，那么肯定没有一个国家能够不呼吸空气。因此，未来我们将有3个而不是2个独立的有明确界限的战场，虽然在每个战场中各自将以不同的武器进行战争，但仍将为一个共同的目标而协作，这个目标始终如一，就是胜利。"

杜 黑

"今天我们充分意识到掌握制海权的重要，但是不久制空权将变得同样重要，因为只有获得这种制空权，我们才能利用空中观察的好处，能清楚地看目标。这种好处只有当我们拥有空中力量而使敌人停留在地面时，才能充分享受。争夺制空权的斗争将是艰苦的。文明国家将努力锻造最有效的手段来进行这种斗争。如果其他条件相等，任何冲突的最终结局将决定于数量。因此，争夺制空权的竞赛将持续不止，只是有时因经济原因而受到限制。为了争夺这种空中优势，航空兵队伍将越来越大，它的重要性也将日益增长。"

"因此，陆军和海军不应把飞机看做仅是一种用途有限的辅助武器。他们更应把飞机看做是战争大家族中的第三位兄弟，当然是小弟弟。"

后来，杜黑又提出了关于空军军事学术问题。1910年，他在《航空问题》一文中，论述实现制空权的手段时提出："除了所用武器的技术问题以外，空中作战还要求解决空中力量的训练、组织和使用问题，即：要求创立前所未有的第三种军事学术，空中作战学术。"在当时，无论各国的政界还是军界，对飞机的军事价值都存有疑问的情况下，作为名不见经传的少校军官杜黑，却能预言飞机的出现及其用于军事必将引起战争的革命，将诞生与陆、海军并列的新的武装力量——空军，并提出"第三种军事学术——空军作战学术"，以解决新军种空军的使用问题。这些具有高度的科学预见性的观点的提出，使人们对飞机军事价值的认识得到新的提高，对推进飞机在军事上的运用和早期形成空军学术思想起到了重要作用。

空军的倡导者——威廉·米切尔

威廉·米切尔是美国空军的倡导者，也是一位早期空军战略家。1906年，米切尔在任美国堪萨斯莱文沃思堡通信学校的教官时，以《通信兵与师属骑兵以及对无线电、探照灯和军用气球飞行的意见》为题发表演讲，大胆地预言了未来突击的方式。他说："毫无疑问，未来冲突将在空中、地面、水上、地下和水中进行。"他的演讲是在1906年。当时，飞机和潜艇还没有显示其力量，美国军队还没拥有飞机，可见米切尔在飞机诞生后不久就提出这样的观点，确实是有远见卓识的。米切尔以这种认识指导自己的军事实践，积极倡导建设航空兵。他呼吁改变美国在航空兵建设方面的落后状况。1913年，米切尔在陆军总参谋部任职时，常出席众议院军事委员会关于陆军航空兵建设问题的听证会，有机会阐述自己关于航空兵建设方面的观点。对飞机的军事价值，他认为航空是侦察勤务的一个分支，航空在侦察勤务方面已证明其价值，而其进攻行动尚在试验阶段。"米切尔敦促政府对航空兵建设问题要加强集中领导。他指出："我们的目标是建立本国的航空兵。我们突然醒悟过来，看到我们在航空兵方面落后于所有别的国家。"他主张，"需要权威的指导来推动"，"应该在这里，在华盛顿设有经常的指导中心"。在以后的几年时间里，米切尔不断督促政府实现这种集中指导。为了创建美国空军，他起到了创始人的作用。

威廉·米切尔

航空部队的建立

气球、飞艇和飞机等航空器的出现和用于军事目的，不仅引起战争样式的重大变化，而且不可避免地引起军队建设的深刻变化。航空部队的诞生，便是这些变化的突出表现。

美国最早建立陆军航空队

飞机诞生在美国，但是这一划时代的成就并没有很快引起美国官方的重视，军界甚至对飞机的军事价值持怀疑态度。直到1907年，当时的美国总统西奥多·罗斯福作出决定，由陆军部长威廉·H·塔夫脱负责调查使用飞机的可行性，并与莱特兄弟商议订购飞机。1907年8月1日，美国通信兵团建立了一个航空分队，负责管理有关军用气球等飞行器的各种事宜，

并使用气球进行空中照相和无线电通信方面的试验。

1908年,莱特交付了陆军部订购的飞机,并经多次试飞,创造了飞行记录。为此,莱特的飞机和飞行受到人们的赞誉。华盛顿的"金星报"宣称:"莱特的飞行器现在已经是美国航空队重于空气的飞行器的第一号飞机了"但是,美国的航空分队在使用飞机和培养飞行员的过程中几经周折,直到1911年初,美国国会仍然没有拨专款发展航空事业,陆军也只有一架飞机和一名飞行员。1911年3月,国会终于拨出12.5万美元作为陆军的航空经费,陆军随即定购5架新飞机。同年6月,重新担任航空分队队长的钱德勒上尉兼任了设在学院公园的飞行学校校长。这一年,学院公园飞行学校不仅培养了飞行员,而且创造了长途飞行、飞行高度等记录,进行了空中照相和新发明的瞄准具的试验。1912年,由于有了经费保证,航空勤务部门充实了人员,飞行学校也加快了对飞行员的培养,同时,进行了夜间飞行和在飞机上使用机枪射击的试验。至1912年11月,飞行学校已拥有14名飞行军官、39名士兵和9架飞机。以后,又在圣地亚哥建立了一所航空学校,该航校后来成为陆军第一所永久性的航空学校。

1913年3月,由于美国与墨西哥的关系紧张,美国在得克萨斯市成立了第1航空中队,以配合陆军第2师作战。这使航空分队向有组织、能作战的方向发展前进了一步。后来,美国与墨西哥的关系缓和了,这个航空中队没有受到战斗的考验。

除了本土的航空学校,美国还在菲律宾、夏威夷各建立一所飞行学校。夏威夷的卡姆哈梅哈堡飞行学校由于训练成绩不佳,只存在一年多时间就结束了。1913年12月,陆军通信兵团在该岛建立了通信兵团航空学校,除了进行飞行训练外,还进行地勤训练。当时,美国飞行航校已经进行了为海军搜索布雷区的侦察飞行,对雷利·斯科特发明的轰炸瞄准具和降落伞的试验飞行,以及创造新的飞行记录等。这些飞行促进了飞行员飞行技术的提高和航空技术装备的发展。

到1914年,美国陆军航空事业已经展示了有希望的前景。飞机的性能有了提高,航空技术装备也有了新的进展,飞机在军事上的作用和价值已开始为人们所认识,美国政府也开始不断增加用于发展航空事业的专款。

尽管美国的军事航空与当时的英国、法国、德国的军事航空相比仍处于落后状态，但是，在1914年7月8日，美国政府正式给予陆军航空部门以法律上的承认。根据法律建立的通信兵团航空处，其编制实力为60名军官和260名士兵。确定的航空处职责是：管理、监督全部军用飞行器（包括气球、飞机等）的活动，管理属于飞行器的所属设备、各种通信器材，负责训练执行军事航空勤务的军官和士兵。法律规定航空处的军官必须是常备军中未婚的中尉军官，对这些军官付给飞行薪晌等等。1915年3月，美国国会设立了国家航空咨询委员会。1916年，美国颁布的国防法案确定增强航空处的实力，并建立一支包括军官和士兵的后备队伍。同时，陆军部批准建立：7个航空中队，每个中队装备12架飞机，其中4个中队拟驻在本土，3个中队拟驻在海外。1917年，7个航空中队正式建立，虽然其中只有第1航空中队在编制和装备上比较完善，但是，美国的军事航空力量在整体上还是得到了新的加强和发展。

欧洲国家纷纷建立军事航空队

英　国

英国皇家空军有着引以骄傲的历史。早在1878年，伍尔维奇兵工厂已经开始对气球进行了军事实验。1879年，英国便有了一支拥有5个气球的队伍，并且在军事演习中被成功地使用。英国军队在1884年远征贝专纳和1885年远征苏丹的作战中，曾使用军用气球进行了有效的军事观察。由此，英国为做好对气球部队的保障工作，在奥尔德沙特建立了后勤航空站和在法恩堡罗建立了气球库房。由英国皇家工兵队操纵的4个气球分队，在1899年的南非战争中，第一次真正用于军事，并且在观测和校正炮兵射击中发挥了积极作用。1907年，S·F·柯狄在法恩堡罗制成了第一架飞机，J·W·邓尼中尉和气球工厂合作也在伯莱尔—爱索尔制造飞机。但是，到1909年，却终止了这两种飞机的制造工作。与此同时，英国军方对飞艇却给予很大重视。第一架英国陆军飞艇于1907年升空成功以后，其飞艇得到发展。1909年，陆军部在拉克里尔建立了训练驾驶员的飞艇库房和场地，

布列斯托公司在那里建立了一所飞行学校,这所学校对陆军了解和相信航空的作用方面有很大影响。1911年2月,英国颁发了建立工兵航空营的命令,该营的第1连配备飞艇,第2连配备3架飞机。此后,法恩堡罗的英国皇家飞机制造厂开始接受设计飞机的任务,布列斯托公司接受了制造为训练陆军飞行员用的6架双翼飞机的定货。英国海军也于同年3月1日开始积极进行航空方面的活动,第一批4名军官集中在谢皮岛的伊斯特车奇基地进行飞行训练,由肖特兄弟工厂提供2架飞机并给予训练保障。海军还于1912年初,试验成功了适应需要的水上飞机以及能从军舰上起飞的飞机。英国陆军、海军在加快训练飞行人员的同时,还从法国购进一批比较先进的单翼飞机和双翼飞机。

经过曲折缓慢的发展,陆、海军的航空队已经有了系统和一定规模。1912年5月,在英国国防委员会的建议下,建立了英国皇家飞行队,陆军、海军在飞行队中各有一个联队。同时,在阿帕恩建立了中央飞行学校。1913年,由于英国皇家飞行队的陆军联队所有编制中队全部装备了飞机,并在高斯帕特、孟特罗斯和勒斯恩转等地修建了许多机场,以及制定了装备英、法先进飞机的计划,使其得到新的发展。同年11月,海军已经建立了皇家海军航空队,并在东海岸建立了许多新的航空站。到1914年1月,海军航空队已拥有120架陆上和海上飞机。这些飞机分别装备于驻在伊斯特车奇、格兰岛、牙茅斯、开耳绍特、菲列格斯吐、乔治堡和弗斯河口等基地的皇家海军航空队。海军航空队的主要职责是保卫联合王国不受航空器特别是齐柏林飞艇的袭击。

双翼飞机

1914年8月7日,英国皇家飞行队开始由休·特伦查德中校指挥,其

任务从为远征军进行侦察活动逐渐转为执行作战任务。为此，他们积极进行将炸弹、鱼雷和机关枪用于空中作战的试验。但是，到第一次世界大战爆发时，英国皇家飞行队和皇家海军航空队共有的约272架飞机中，只有不到9架飞机能够执行任务，而在战争爆发时派往法国去的皇家飞行队和海军航空队的飞机除由飞行员或观测员携带的手枪、来福枪或手榴弹等武器外，还基本没有机载武器装备。直到1914年9月，第一批装备有路易斯机枪的飞机才开始装备英国皇家飞行队。

法　国

法国是欧洲最早认识到飞机在军事方面具有很大潜力的国家之一。1909年8月，在法国召开雷姆会议后不久，陆军部长布朗将军就表示了陆军将购买飞机的意图。同年12月，有10名陆军军官志愿在布勒里，由亨利·法门及安多阿奈特航空学校进行航空训练。1910年3月8日，法国毕业了第一名陆军飞机驾驶员。当时，陆军已经有了两架法门式飞机、一架布莱里奥式飞机和两架莱特式飞机。军事航空部在汉桑—白屋建立了对飞机进行试验的机构。此前，法国在凡尔赛组成了军用航空站，1909年12月24日又成立了两个气球连。1910年4月，这两个连划归到一个独立的司令部指挥，并与飞机队组成航空兵。同年，航空兵进行了多次空中照相和空中无线电通信试验。9月，有13架飞机及克勒门特·贝雅德、自由、左地亚—Ⅱ和伦纳德上校号4艘飞艇参加了在皮卡迪举行的陆军军事演习。至11月1日，法国陆军已拥有30架飞机和41名飞行员。在以后的一年中，飞行员人数迅速增加到139名，还有122人正在进行飞行训练。当时已建立了雷姆、凡尔赛—圣西尔、马思堡及汉桑斯等军事航空中心，在多艾、商提拉维达美、勒克罗托、埃坦孟普斯及巴乌等地还建立了第二类中心。

1912年，法国开始在海外领地部署航空兵。2月17日，其军用飞机首次在阿尔及利亚飞行。3月，法国派遣一支航空兵到摩洛哥参加镇压民众反抗的作战行动，遂行了炮兵校正、侦察和投掷6磅（1磅≈0.45千克）重的阿生式炸弹等任务，从此开始了法国航空兵的作战使命。1912年3月29日，法国建立了军事航空部队，航空兵成为一个兵种，同陆军所属的步兵、

骑兵、炮兵和工兵等兵种并列。其实力为7个气球、飞艇连和10个飞机小组，分属于3个航空大队。第1大队司令部设在凡尔赛，第2大队司令部设在雷姆，第3大队司令部设在里昂。

1912年9月，法国航空部队的50架飞机在波阿图参加大规模的演习之后，决定建立航空兵中队，每个中队的实力为6架飞机及其飞行人员，6名机械员和30名其他人员。至11月，已有5个中队分别以凡尔登图尔、埃手纳尔、贝尔弗特和毛比格为基地建成。1913年，陆军中的航空兵已增至12个中队。在发展航空兵中队的同时，重视了对使用哈特基斯轻机枪进行空中射击和空投炸弹、手榴弹等试验。为了对付飞艇，陆军参谋部要求制造一种"专打飞艇的飞机，用于远程、近程侦察以及观测的飞机"。同年6月，已有6架多伦兹式有装甲的飞机装备航空兵部队，并组成了装备布莱里奥单座飞机的"骑兵飞行中队"。

1914年4月4日，法国航空兵的4架布莱里奥式双座飞机在从卡萨布兰卡飞往苏凯尔阿巴德蒂萨的航行中，一架飞机被地面火力击落，飞行员遇害，这是军事航空史上首次战争伤亡。在第一次世界大战开始时，法国在摩洛哥有两个主要空军基地。在卡萨布兰卡驻有11架布莱里奥式飞机，在奥迪达驻有6架迪佩杜辛式单、双座机。此外，以马拉克克、拉巴特、马克奈、费次、马加杜尔、梅拉达、达杂以及马克拉本阿本等地建立了有永久设备的加油机场。法国航空兵部队在本土已有23个中队，在海外有4个中队。驻本土的航空兵有9个中队主要装备法尔芒式飞机，4个中队装备布莱里奥式飞机，2个中队装备迪佩杜辛式飞机，2个中队装备握依辛式飞机，1个中队装备布勒格特式飞机，1个中队装备顾德朗式飞机，1个中队装备纽波特式飞机和1个中队装备R.E.P式飞机。这些飞机大部分都是布莱里奥、德佩迪桑、法尔芒、莫拉纳·索尔尼埃和瓦赞等工厂的产品。共有各型飞机约16架，飞行人员200名，另外还有15艘飞艇，在规模上仅次于德国航空兵。1914年9月29日，单独成立了轰炸机部队，下辖2个中队。11月3日，成立了第1轰炸机大队。12月2日，成立了第2轰炸机大队。在当时还没有专门的轰炸机的情况下，使用比较大型的飞机携带炸弹，执行轰炸任务。1915年3月，又成立了2个轰炸机大队。这4个轰炸机大队成为

法国第一支空中突击力量。

法国海军航空兵，建立于1910年4月。1914年8月2日，有14架水上飞机，人员有200名。第一次世界大战之初，法国海军航空兵的飞机曾成功地侦察了停泊在卡特诺湾的奥地利舰队。

德　国

德国空军有着悠久的历史。早在1898年冯·齐伯林建立飞艇制造厂起，德国已对飞艇产生了兴趣。1907年，德国军事委员会购买了第一架齐伯林公司制造的LZ—3A飞艇。接着，军事当局又对飞机的发展产生兴趣。1910年年底，德国陆军已经有了一架法国安东纳德公司制造的单翼飞机，5架法国亨利·法门公司制造的双翼飞机，5架美国莱特公司制造的双翼飞机。1911年，德国海军也开始购买美国寇提斯公司制造的水上飞机，2架水上飞机成为其海军航空队的核心力量。

1911年，德国陆军购置了5架雷姆普勒·埃曲立奇公司生产的"鸽"式单翼飞机和一些阿勃脱劳斯公司制造、法门公司设计的双翼飞机。由奥地利设计师约瑟夫·埃曲立奇设计的"鸽"式飞机，受到使用部队的欢迎。当时，德国的阿勃脱劳斯、阿维铁克、电气总公司、尤勒、哥塔、LVG、奥多等许多公司都开始制造类似"鸽"式的飞机，吉宁公司还研制出了一种全金属的"鸽"式飞机，这就使德国航空兵的发展具备了有利的物质基础。1912年10月1日，德国组建了第一支航空兵部队。1914年8月，第一次世界大战爆发前，德国军事航空队已拥有4个营，编有41个航空兵小队，每个小队有飞机6架左右，共装备军用飞机232架和10余艘飞艇。人员有1000余名。建设有10多个机场。当时，德国的航空兵已成为欧洲最强大的空中力量。

意大利

意大利最初把飞机用于军事目的，是在1911年爆发的意大利与土耳其的战争中。当时，隶属于意大利陆军的第1飞机连，在进行数次对抗演习之后，使用9架"鸽"式、XIS—11、纽波特等型飞机，在战争中执行了侦察、投撒传单和轰炸等作战任务。由于飞机连在意土战争中发挥了作用，

意大利政府于1912年6月27日，正式建立了陆军航空营。至1913年初，航空营已拥有50架飞机，并在艾维亚诺、米拉菲奥里、波德农南弗兰塞斯科、索马·伦巴迪亚和维纳里亚·雷阿利等地建立了军事飞行学校。同年8月25日，在威尼斯建立了海军飞行学校。由于在第一次世界大战中空军在战争中的特殊地位和作用，使人们对军事航空作用的认识逐步提高。1915年1月7日，意大利将其航空营扩建为航空团。5月24日，当意大利加入协约国方面投入战争时，其航空团已装备89架飞机、3艘飞艇，有72名飞行员。航空团编有14个中队，其中6个中队装备布勒瑞特型飞机，4个中队装备纽波特型飞机，4个中队装备莫维斯·法门型飞机，1个中队装备卡普罗尼Ca—18型飞机。另外，海军还有17架水上飞机和2艘飞艇。意大利在参加第一次世界大战之初，已经拥有一定规模的空中力量。

俄　国

俄国航空力量的产生也是从将气球用于军事目的开始的。最初，俄国陆军利用气球对炮射进行校正，开始探讨将航空用到军事方面的可能性。飞机的出现更坚定了人们对其军事潜力的认识。1910年，俄国陆军在卡秦纳建立了一所陆军军官中央航空学校，海军在塞瓦斯托波尔也建立了航空学校。1912年，陆军主办了一次飞行表演。俄国政府开始为陆军购买少量的布列斯托尔、法门、莫拉尼和纽波特等型飞机，为海军购买了寇蒂斯型飞艇。同时，俄国政府还取得了生产法国飞机的许可证。当时，彼得堡的俄国—波罗的海车辆工厂和石赤特宁公司等一些厂家，对生产飞机发生兴趣，到第一次世界大战爆发时，共生产了329架飞机，并进行了对多种飞机的设计工作。

1914年8月1日，俄国参加第一次世界大战时，其飞行团已经拥有飞机244架，飞行员300名。俄国海军也已有多艘飞艇和多架水上飞机，飞行员有100名。当时，俄国已经具备发展航空事业的有利条件，如许多高等学府中都建立了航空学院，航空科学技术有了一定的基础，被后来称为"俄罗斯航空之父"的H·E·茹可夫斯基已经开始了他的设计工作。但是，俄国的航空工业还处在初级阶段，飞机的设计和生产能力还很有限。

Н·Е·茹可夫斯基

1915年，俄国为帝国飞行团生产了第一架由Н·Н·西柯斯基设计的RBVZ—S—16型战斗机，后来又生产了RBVZ—S—17和RBVZ—20型战斗机。与此同时，俄国还设计生产了勒贝德—7、勒贝德—10、勒贝德—12、阿纳萨尔、阿纳德等型作战飞机。俄国在设计和生产飞机初期的最大成就，是伊里亚·莫罗买茨于1913年在西柯斯基制成的"俄罗斯巨人号"试验机的基础上，改进成的装有4台发动机的轰炸机。该机成功地进行了53次飞行，并创造了1小时55分的续航世界纪录。伊里亚·莫罗买茨型飞机的性能进一步提高，引起俄国陆、海军的兴趣。第一次世界大战初期，在为陆军航空队制造的第一批5架该型飞机上安装了防卫武器和炸弹架。陆军航空队曾于1914年10月利用该型飞机进行了轰炸试验。同年底，陆军用该型飞机装备了一支部队，即"飞船队"，并于1915年2月15日使用该机对在普罗次克的德军投掷了600磅（1磅≈0.45千克）炸弹，进行了成功的轰炸。此后，莫罗买茨型飞机得到不断改进。1916年末，该型飞机的尾部也加装了武器。"飞船队"在担负轰炸、攻击地面目标等不同的作战任务中，出色地完成了任务。俄国共制造伊里亚·莫罗买茨型4发轰炸机72架。虽然俄国航空工业在1916年已经制造了1769个飞机框架和660台航空发动机，但在第一次世界大战中，俄国飞行团所用的飞机大部分还是法国制造的莫拉尼MB和巴拉索耳单翼飞机、斯巴德S—7、纽波特11、纽波特17和纽波特21型战斗机、瓦赞轰炸机和法门20、法门27、法门30等型教练机。此外，俄国还向英国购买了251架BEZERE.8D.H.4等型飞机。除"飞船队"担负主要作战任务外，俄国飞行团大部分担负空中照相、侦察、对地攻击和巡逻等任务。俄国的军事航空部队，随着1917年11月俄国社会主义革命的爆发而分崩瓦解。

空军在第一次世界大战中的发展

　　1914年6月，以奥匈帝国的皇位继承人F·斐迪南的遇刺事件为导火线的第一次世界大战爆发了，战火从欧洲很快燃烧到中近东、远东和非洲。第一次世界大战对武装力量的发展产生了重大影响，为航空在军事上的运用提供了良好的机会。航空兵在第一次世界大战中发生了质的飞跃，空中力量有了快速的发展，武装力量的编成出现了重大的变化。

航空技术装备的发展

　　《反杜林论》中恩格斯关于军事活动对经济和生产的依赖性问题有这样的论述："装备、编成、战术、战略，首先依赖于当时的生产水平和交通状况。飞机诞生后的最初几年，由于受当时技术水平的限制，飞机的性能低下，其设备也很简陋。飞机的飞行速度平均只有80～100千米/时，飞行高度在3000米上下，续航时间3个小时左右，飞机上基本没有武器装备。因此，飞机不仅用于军事目的的能力有限，而且发挥的作用也不大。"

　　在第一次世界大战前的几年中，各大国对航空器，尤其是对飞机军事作用的认识，经过军事演习，特别是经过在意土战争和巴尔干战争中的实战应用，普遍有了提高。航空器的军事价值引起各主要国家的普遍重视，到第一次世界大战爆发时，法国、英国、俄国、美国、意大利和德国等主要国家已经拥有飞机总数达858架，并大力组建航空工业部门，积极研制多种类型飞机，飞机性能有了很大的提高。由于飞机已经形成歼击机、轰炸

机和侦察机等主要作战机种,因此,飞机充分表现出机动性能强,具有攻击和摧毁地面、海上目标的能力。特别是航空炸弹由开始只有2千克重发展到重达1吨、弹体长约4米的大炸弹,而且还研制出了燃烧弹。德国生产的镁壳燃烧弹,燃烧温度可以达100℃,加上飞机上加装了武器装备,大大提高了飞机的空中作战能力。

随着航空技术的提高,飞机性能、设备以及航空武器装备得到改进,航空兵已经从执行单一的侦察、炮射校正和通信联络任务,发展到遂行侦察、空战、轰炸、空运等多种作战任务。航空兵对制空权的得失,对地面部队的航空火力支援情况,已经明显地影响到整个军事活动。尽管当时航空兵的数量在军队中所占的比例还不大,但是它已经成为武装力量中不可缺少的成分。航空技术的发展使飞机的军事价值日益增大,人们对飞机在战争中作用的认识又促进了航空兵的发展,从而使空中力量成为双方军事力量对比的一个重要因素,战争也从二维空间发展到三维空间。

反杜林论

飞机在战争中的作用虽然初显头角,但是已经引起了一些主要国家对飞机的普遍重视。到1914年第一次世界大战爆发时,协约国和同盟国的主要国家军队中,都已经编有军事航空部队。其中,同盟国德国的航空部队规模较大。德国航空队由帝国陆军航空勤务队和帝国海军航空勤务队组成。大战爆发前陆军航空队拥有"齐伯林"式飞艇7艘,飞机246架。飞机以"鸽"式单翼机为主,大约占半数,其他还有LVG公司、阿维亚蒂克公司和阿尔巴特罗斯公司生产的拉进式双翼飞机。陆军航空队共编有41个小队,每个小队由6架飞机组成,为基本战术单位。在41个飞行小队中有34个小队属于集团军和军一级指挥,作为野战飞行小队,其余7个小队属于几个要塞,成为要塞飞行小队,每个要塞飞行小队由4架飞机组成。海军航空队拥

有36架水上飞机和2艘"齐伯林"飞艇。德国陆、海军航空队有1000名飞行人员，其中有经过专门训练的观察员487名，德国已经修建机场56个。

同盟国的奥匈帝国，航空部队规模不大，约有65架飞机，但是其规模不大的飞机制造工厂，却有一定的研制实力。它后来制造的"劳埃德"C型双翼侦察机和"不死鸟"C型双翼歼击机等，都是当时比较先进的军用飞机。

协约国的英国，其航空力量由皇家飞行队和皇家海军航空勤务队两部分组成。1912年4月建立的皇家飞行队，最初拥有一个陆军飞行联队和一个海军联队，第一位指挥官是准将戴维·亨德林爵士。1914年7月，建立了皇家海军航空勤务队，成为一支隶属于海军的独立的航空部队。与德国航空队不同的是，英国皇家飞行队的基本战术单位是中队，每个中队编3个小队，每个小队有4架飞机。联队和旅管辖飞行中队。皇家海军航空勤务队的编成是联队、中防湘小队。皇家飞行队的飞机共有154架，但种类很多，大部分是早期的B.E.型飞机。海军航空队有多种型号的水上飞机62架。

协约国的法国，其航空队的规模仅次于德国。法国陆军航空兵受总参谋部航空处领导，第一任航空处处长是巴雷斯少校。法国陆军航空兵拥有138架飞机，其基本战术单位是飞行中队，按飞机类型编配不同数量的飞机，双座飞机中队编飞机6架，单座飞机中队编飞机4架。到1914年8月2日第一次世界大战总动员时，法国陆军航空队在本土的航空兵中队达到23个，驻海外的航空兵中队有4个。

协约国的俄国，其军事航空组织有300名飞行员，拥有244架飞机。这些飞机多数是从法国和德国购买的或获准在俄国生产的法国飞机。俄国的盟国塞尔维亚也有规模不大的航空队。比利时属于协约国方面，战争爆发时有一个飞机连，下设4个中队，每个中队编4架飞机。飞机连共有飞机24架，飞行员37名。第一次世界大战前直到大战爆发时，同盟国和协约国主要国家建立的军事航空组织，虽然规模不大，飞机的性能和装备也都较差，但它们却是空中力量参加战争的基础，并且成为军事航空在第一次世界大战中得到迅速发展的基本条件。

第一次世界大战为军事航空提供了广阔的舞台。空中作战活动在大战的各个阶段中，依靠飞机性能和技术装备的不断改进，逐步发挥了积极的作用。在战争的初期阶段，德国军队总参谋长毛奇执行"施利芬速决战计划"在西线向协约国军队大举进攻，使德国掌握着战略主动权。在这个阶段，航空用于战争的主要形式是执行侦察任务。以飞机为主，包括飞艇和气球等航空器进行的航空侦察起了重要作用。由于协约国利用航空侦察掌握了德军部署的准确情报，对德军的进攻做了准备，才阻止了敌人的前进，从而影响到德军"施利芬速决战计划"的顺利实施。在战争处于运动战时期，飞机除了主要进行战役和战术侦察外，还担任了通信、校正炮兵射击和航空照相任务。虽然也进行了轰炸活动，但是由于飞机的装载能力有限，最多只能携带小于 20 千克炸弹，因而轰炸的效果并不明显。飞机的空战也已发生，只是处于依靠飞行员个人决断的一种随机性行动阶段，没有起到明显作用。

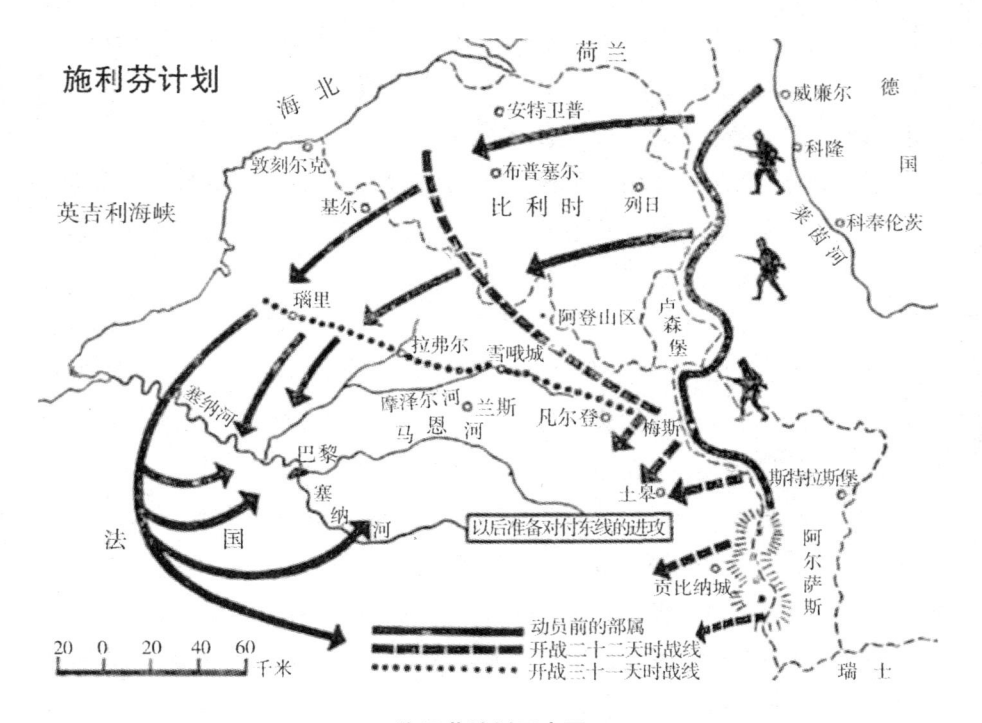

施里芬计划示意图

在战争的中期阶段，交战双方在西线和东线相继转入阵地战。为了打破这种相持的局面，双方都力求突破对方的阵地防御。这时，对航空兵的使用已不仅是实施侦察，而且还需要航空兵袭击战区的敌方部队、军事设施，并阻止和打击敌机的活动。这种战争需求，促使航空兵迅速发展。1916年参战的航空兵数量已经比1914年增加了3～4倍，并且有了侦察、轰炸和歼击等执行不同任务的专业航空兵部队。这一时期，德国制成了专门用于空战的"福克"E1型单翼飞机，出现了有组织地争夺制空权的斗争，产生了航空兵集中使用的原则。协约国的歼击机飞行员首创了用飞机压制地面炮火的新战术，航空兵开始遂行直接支援地面部队作战的任务。敌对双方有计划地发展了轰炸机部队，开始了战略轰炸活动，使战事能迅速向敌方领土的深远纵深发展。同时，轰炸航空兵还参加了争夺制空权的斗争和支援地面部队的活动；侦察航空兵的侦察手段以照相侦察为主，增强了战术侦察，提高了侦察效果；对空防御有了新的发展，高射炮和高射机枪等对空武器有了改进，观察、指挥系统也有了加强。航空兵的这些活动虽然都处在初始阶段，但是，飞机的军事价值和对战争的影响已经显而易见，航空兵的发展已经发生了质的变化。

在战争的后期阶段，由于德国的人力、物力日渐枯竭，被迫从总体上转入防御。美国的参战进一步增强了协约国的力量，最后在协约国的总攻势下，德、奥土崩瓦解，第一次世界大战以协约国的胜利而结束。这一时期对航空兵的使用日益频繁，航空兵支援地面部队作战的作用日趋明显。德国装备的"汉诺威CL·3"型飞机，在驾驶舱周围设计安装了用于保护飞行员的钢板，并且在机身腹部装备了向下射击的机枪，飞机开始遂行超低空强击任务。集中使用航空兵的原则已经被确定，双方都以千架左右的飞机参加重大战役或会战，不仅组织大规模空战，而且还组织了步兵、炮兵、坦克兵和航空兵的协同作战。战争后期，航空兵加强了战略性的独立作战行动，交战双方的轰炸机都深入敌方纵深后方实施轰炸活动，袭击对方的工业、交通设施、机场、军事基地、弹药库等。虽然效果并不很明显，但是由于空袭的日益频繁，促使双方产生了为抗击敌方空袭而进行国土防空的新作战样式，对于反空袭起到较为明显的作用。

到战争结束前，飞机数量迅速增加，飞机性能、航空技术装备都有明显改进，航空兵组织方面也发生了很大变化，独立的航空兵种已经出现，独立空军在孕育中。

第一次世界大战中的空中作战

第一次世界大战是飞机用于军事的一个重要时期。大战中空中作战的实践，推动了航空技术的发展，显示了飞机的作战能力，证明了军事空中力量在战争中的作用。

主要以航空侦察和突击战场目标的方式支援地面、海上军队作战

航空侦察，是军事航空部队在大战中贯彻始终的任务，对于制定战役和战略计划起了重要作用。比如，1914年9月3日，法国的一架侦察机在执行任务中，发现德国第1集团军向马恩河机动，英法联军根据这一敌情变化的情报，及时调整部署，于9月5日发起马恩河战役，将德国军队攻至苏瓦松—凡尔登一线。这次战役成为1914年西线战局有利于协约国的转折点。战争转入阵地战以后，由于阵地的进攻作战需要在宽大的阵地正面选择敌人防御薄弱的环节实施突破，阵地的防御作战需要根据敌人的进攻布势实施有重点的防御，并且需要及时掌握敌方后续梯队的行动采取防御措施，因此，军事航空部队实施航空侦察的重点转向战役和战术侦察。航空侦察情报成为组织与实施阵地进攻和防御作战的主要情报来源。

比如，1916年，俄国军队的西南方面军在夏季进攻战役中，利用航空侦察获得的情报，准确地了解了敌方的防御部署。同时，俄军又设置一些假的突破地段，使德军的航空侦察不能获得真

航空侦察机

实情报，从而保证了俄军战役准备的顺利进行和实施进攻的突然性。这一时期，航空侦察的方法也有了改进，较多地使用了空中照相侦察的方法，使航空侦察更为有效。1918年8月，协约国联合军队在发起亚眠战役之前，通过航空照相侦察，全面地获得了德军的防御体系资料，为组织进攻作战提供了准确的情报。突击战场目标，直接支援地面军队作战。在索姆河战役中，英法联军的航空兵部队，首先采用了用机载武器突击战场目标的强击作战方法。战役中，协约国在拉西尼至埃比泰恩70千米正面上，集中了航空兵部队40%的力量，其中在突破地段占有2倍于德军兵力的优势。在地面炮火准备之后，协约国的飞机对敌方战场的堑壕和小型目标实施强击，起到了杀伤敌人的有生力量和挫伤敌军士气的作用，直接而有效地配合了地面军队作战。因而，在伊普尔战役、凡尔登战役和圣米耶尔战役等其他一些战役中，都使用了强击作战方法直接支援地面军队作战。由于强击活动的支援作用得到发挥，促进了强击部队和强击机的发展。交战双方都开始组建专门进行强击活动的航空兵部队，如德军建立的"作战飞行小队"，成为强击航空兵的雏形。交战双方还专门生产了具有良好的低空、超低空飞行性能和一定的火力，同时在要害部位有防护装甲，能进行强击活动的飞机。当时以德国制造的"容克"型和英国制造的DH.4型为较好的强击机。为了有效地发挥航空兵支援地面部队作战的作用，开始建立了一套作战的指挥体系，主要将航空兵部队隶属于地面军队的战役军团或战役战术兵团的指挥体制，以保证与地面部队作战行动的协调一致。

夺取制空权的作战

随着航空技术装备水平和作战能力的提高，为了保证己方航空兵部队有效地遂行作战任务，保证后方目标和重兵集团不受敌方空袭的威胁，交战双方开始并日益重视争夺制空权的斗争。

第一次世界大战中争夺制空权的斗争，大致分为3个阶段。第一阶段争夺制空权的斗争，是从西线转入阵地战以后开始的。法国的航空兵部队取得了军事航空史上第一次空战的胜利。1914年10月5日，法国飞行员约瑟夫·弗朗茨和空中观察员路易·凯诺驾驶一架加装机枪的"瓦赞"

式侦察机，击落了 1 架执行侦察任务的德国飞机。这次战斗揭开了第一次世界大战中空战的序幕。战争转入阵地战以后，战线趋于稳定，交战双方设计并制造了专门用于空战的歼击机。这种飞机的特点是机动性能好，速度较大，具有空战火力。法国制造的"莫拉纳·索尔尼埃"型飞机，就是最早用于空中歼灭敌机的歼击机。歼击机的出现，促使交战双方于 1915 年，相继在航空兵部队中建立歼击机航空兵种，为展开争夺制空权的斗争创造了条件。

协约国在这一阶段掌握了空中作战的主动权，主要是由于其歼击机的战术技术性能和歼击机部队的数量较同盟国占有优势。法国的"莫拉纳·索尼尔埃"型单翼歼击机装有机载前射机枪，飞机螺旋桨桨叶的边缘装有钢楔，还有能偏转击中桨叶的机枪子弹，这在一定程度上解决了机载机枪的前射问题，从而便于飞行员在空战中修正射击偏差，提高了射击命中率。1915 年 4 月 1 日，法国飞行员罗朗·加罗斯驾驶这种歼击机，击落 1 架德国双座侦察机。在以后的 16 天内，加罗斯又击落了 5 架敌机，成为世界上第一个王牌飞行员。在香巴尼和阿图瓦秋季战役中，英法联军的航空兵部队占有对德军航空兵部队 4~5 倍的数量优势，在战役的一定时间内限制了德军航空兵部队的活动，争夺制空权的重要性在战争中开始得到体现。但是，由于歼击机性能和技术装备水平有限，双方的歼击机部队数量也不多，所以这个阶段争夺制空权斗争的规模也较小。

从 1915 年 10 月起，开始了争夺制空权斗争的第二阶段。德国为了改变在制空权斗争中的不利局面，积极改进歼击机的飞行性能和技术装备。1915 年 4 月 19 日，法国飞行员罗朗·加罗斯迫降在德国阵地后方，连同飞机被德军俘获。为德国工作

歼击机

的荷兰工程师安东尼·福克对这架法国歼击机进行了仿制和改进，他研制

的射击协调装置，解决了机载机枪前射与螺旋桨的协调问题。这种装置在 M.SK 型双翼飞机上试验成功之后，投入批量生产，装备在"EI"型单翼歼击机上，使这种飞机的射击命中率得到很大提高。后来，又将这种协调装置装备在"福克"型歼击机上。1915 年 7 月，装有协调装置的"福克"型歼击机，战斗在西部战线上空。德国的奥斯瓦尔德·伯克尔、马克斯·殷麦曼等优秀飞行员，驾驶"福克"型歼击机，不断取得胜利。协约国的飞机遭到越来越严重的损失，当时被称之为"福克灾难"德国也因此扭转了被动局面，开始掌握战场的制空权。

凡尔登战役前期，德军在凡尔登地区集中了 168 架作战飞机，担负掩护其战役准备，掩护其突击部队的集结以及由集结地域向冲击出发阵地的机动展开。德军航空兵部队采取集中使用和编队作战的原则，牢牢地掌握着制空权，从而保障了德国侦察机能有效地实施航空侦察，保障了轰炸机能在战役发起后，对敌战役后方目标实施突击，并保障了德军地面炮兵在战役第一天能进行 9 个小时的炮火准备，使法军的第一阵地全部地段和第二阵地部分地段的防御配系遭到摧毁，法军的指挥陷于瘫痪。在索姆河战役中，争夺制空权斗争的规模进一步扩大。协约国接受了凡尔登战役在争夺制空权斗争中的教训，积极研制新型歼击机，如法国生产的"纽波特"和英国制造的 DH.2 型歼击机，弥补了与德军歼击机在质量上的差距。协约国集中投入了大量的航空兵部队，与德国进行争夺制空权的斗争。

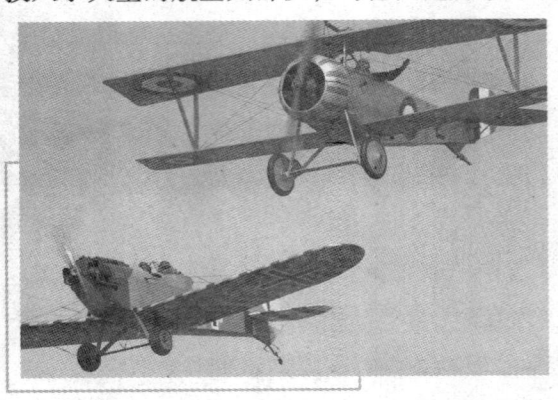

"纽波特"歼击机

索姆河战役初期，双方投入的作战飞机达 400 架，到战役后期，已达到 800 余架。当时，英法联军的航空兵部队已占优势。参加争夺制空权斗争的飞机不仅有歼击机，还有轰炸机。争夺制空权的方法不仅是进行空战，而且开始突击德军前线机场。虽然这种突击效果并不大，

但是，对改变空中作战形势还是起到了一定作用。在索姆河战役之初，德军对其陆军航空勤务队进行整编，将优秀的歼击机飞行员集中编成多护"狩猎小队"，其中最著名的是奥斯瓦尔德——伯尔克的第二狩猎小队。1916年8月，已编成7个狩猎小队。9月份，又组建8个狩猎小队。以后编成狩猎中队，并组建"狩猎联队"，作为机动部队使用。德国又将"阿尔巴特罗斯""哈尔贝斯塔特"等型先进的歼击机装备这些狩猎小队，这样就使技术高超的飞行员与性能优良的飞机相结合，更好地在空战中发挥效用。1916年10~12月，德国第二狩猎小队以损失7架飞机的代价，取得击落76架英国飞机的战绩。1917年4月，在阿拉斯战役中，英国航空部队虽然在数量上占有优势，但是在战役发起后的5天内，就被德国飞行员击落75架飞机。仅4月6日一天的空战，英国就被击落44架飞机。至4月底，英国飞机已经被击落150架，飞行人员损失315名。法国和比利时的飞机共被德国击落200架。为此，英国皇家飞行队将4月份的空战称为"血的四月"。从而，争夺制空权斗争的有利形势转向德国。

　　1917年夏至大战结束，是争夺制空权斗争的第三阶段。协约国航空部队积极改进装备和变换战术，又逐步夺取并保持了制空权。1918年初，英国的航空部队开始以索普威思FI"骆驼"型、SES型歼击机取代旧式的三翼机，以"布里斯托尔"型飞机换下FEZ型飞机。法国航空部队用新型的斯巴德SX型和"纽波特"27、28型取代原来的斯巴德SV型歼击机。协约国作战飞机的性能和装备已经优于同盟国的飞机，美国参战又使协约国的空中力量得到增强。协约国航空部队采取积极进攻的战法，索姆河战役后普遍采用编队作战。在主要作战方向，集中歼击机部队，以多个编队梯次出动的方法，深入战线敌方一侧寻机作战，在编队出战的同时，还以"尖子"飞行员单机或小编队出动游猎，打击德国飞机。在第二次马恩河战役的防御阶段，协约国的歼击机部队，有效地限制了德军航空部队的行动，保障了己方轰炸机部队的行动，迟滞了德军强渡马恩河。在战役的反攻阶段，协约国航空部队已经掌握制空权，保障了反攻准备的隐蔽性，达成了反攻的突然性，有效地支援了地面部队作战。在第一次世界大战中，使用航空力量最多的是圣米耶尔战役。在协约国方面，美国远征军第1集团军航

空勤务队集中了美国、英国、法国、意大利等国航空兵部队的96个航空中队,各型飞机共1481架。在战役初期,协约国的歼击机部队,夺取了战线敌方一侧纵深约10千米的战区制空权,有效地保障了己方侦察航空兵的行动。协约国航空部队在美国指挥官威廉·米切尔的指挥下,积极打击德国航空部队,并使己方轰炸机的损失从60%下降到8%,有效地配合了地面部队作战。

这一阶段对以轰炸机突击敌方机场的方法争夺制空权更为重视。在第三次伊普尔战役发起后的第二天,英法航空兵部队即派出4个歼击机中队,掩护3个轰炸机中队出动的27架轰炸机,突击战线当面的15个德国军用机场,但效果不大。1918年5月,协约国轰炸机部队对亚眠附近的德军机场的突击,取得了使德国陆军航空勤务队第48中队的歼击机几周内不能战斗出动的效果。但是,由于突击机场的作战行动组织指挥复杂,轰炸机的突击威力又有限,并容易遭到敌方空、地火力的打击,所以在第一次世界大战中,突击敌方机场并没有成为夺取制空权的主要方法,空战活动仍然在夺取制空权的斗争中,发挥着越来越大的作用。第一次世界大战中的空中作战,由战争初期执行侦察、校射等单纯性任务,发展到广泛执行争夺制空权、突击地面目标、支援地面部队作战和轰炸敌方战略后方,打击敌方民心士气等作战任务;由战争初期单一的航空侦察部队,发展到由歼击航空兵、轰炸航空兵、强击航空兵和侦察航空兵等能遂行多种空中作战任务的航空部队。可见,经过第一次世界大战,空中力量已经由一支完全从属于地面军队的纯勤务保障力量,发展成为一支在一定程度上对战争产生影响,发挥积极作用的空中突击力量。

空军军事理论初步形成

空军军事理论与其他理论一样,其产生与发展都有一定的历史背景和主客观条件。科学技术进步对武器装备发展的促进,及在战争中的运用,是军事理论产生的温床。空军军事理论,正是在有了军事航空实践之后,经过人们的思索和探讨才开始逐步形成的。第一次世界大战中,由于飞机

等新武器的大量使用，产生了争夺制空权、航空火力支援、防空、战略轰炸等新的作战方法，航空部队在作战中也逐渐形成一些作战原则。这些原则虽然来自陆军作战的军事原则，但却被赋予了新的内容。这些有关航空部队的作战原则，散见在各国战后制定的空军作战条令中，当时还不系统。第一次世界大战是军事航空力量发展的一个初期阶段，是空军学术发展重要的创始和奠基阶段。

制空权的重要性被认识，制空权的概念已经形成

早在1893年，当航空还处于气球和飞艇的时代时，英国工程兵少校富勒尔顿在芝加哥一次学术报告会上就提到了"制空权"，他提出："航空对战争的影响不亚于火药。未来战争将可能由空中开始。制空权将可能是陆地和空中战争的重要前提"。1908年，航空先驱F·W·兰切斯特工程师也论述了制空权的重要性。他说："在不久的将来，制空权对英帝国的安全至少将和制海权同等重要。"1914年6月，英国的飞行队手册中指出："不应指望飞机将能不受阻拦地履行职责。在战争中，必须通过战斗去夺取有利条件；航空侦察是如此重要，因此任何一方都将尽力阻止对方进行航空侦察。"但是在第一次世界大战尚处于运动战阶段时，飞机基本没有武器装备，因此还没有夺取制空权的活动。战争转入阵地战以后，空中侦察成了唯一有效的侦察手段，而敌对一方则竭力破坏空中侦察，这促使人们开始追求一种能通过空战，有效地打击敌方侦察机的飞机。"福克"型单翼飞机的问世，成为适于空战的最早的歼击机。于是空战开始频繁进行，仅1915年9月8日一天进行空战的飞机就达69架次。战争后期，为了配合地面军队作战，争夺制空权的斗争更为激烈。1917年4月的尼韦尔进攻战役，英国皇家飞行队在发动地面战役前5天，于4月4日发起空中进攻，企图把德国飞机逐出该战役地带，以便协约国的侦察机和炮兵校射飞机开展活动。为了争夺制空权，双方发生了激烈的空战，这次空中作战，皇家飞行队遭到惨败，在战斗中英国至少损失75架飞机。

为了争夺制空权，1917年下半年德国和法国都将空战能力强的飞行员

抽出来组成专业化的歼击机部队。德国进一步将几个歼击机中队合并成歼击机联队。法国也选择优秀的飞行员组成歼击机部队。

第一次世界大战末期，歼击航空兵已成为专门的兵种，在交战国空军总编成中占40.4%。而且对歼击航空兵的任务已有明确规定。法国1918年3月颁发的航空兵组织机构和使用规定，明确歼击航空兵担负的基本任务是：搜索、攻击和消灭敌机，至少制止其行动；保障自己的飞机和气球在战场上的行动自由。对于歼击航空兵争夺制空权的任务，杜黑有精辟的概括，即"阻止敌人飞行，同时保证自己飞行"。被誉为德国"空战之父"的奥斯瓦尔德·伯尔克为争夺制空权，总结了诸如在攻击前取得有利条件、坚决彻底地进行攻击、应近距而准确地瞄准射击、不被敌机欺骗、应从敌机后方实施攻击、对于敌机的攻击要勇于反击、在战线的敌方一侧活动时要选择好自己的退却方向、原则上保持编队攻击等空战原则。这些空战原则虽然仅限于战术运用方面，而且还受到当时技术条件的限制，但是无论是指导当时空战，还是对以后空战原则的发展都具有重要意义。

第一次世界大战中，轰炸航空兵也参加了争夺制空权的斗争。英国、法国的轰炸机都积极地以突击敌方机场、补给线、行进中的部队和阵地上的炮兵等方式参加争夺制空权的斗争。索姆河战役中，英法轰炸机部队曾有计划地轰炸过德国机场，在争夺制空权斗争中起到一定作用。

战争实践丰富了制空权概念的内涵，制空权的重要性为更多的人所认识。一些主要国家的军、政要人对制空权问题都有论述。例如，美国亚历山大·格拉罕·贝尔提出："在可以预见的不久将来，海上、陆上力量的重要性将让位于空中力量。能够控制天空的国家将在实际上控制世界。"英国斯穆茨元帅说："为了赢得战争，我们不仅要夺得大范围的空中优势，而且在战后也要夺取和保持制空权。从长远看，制空权将成为帝国国防中和制海权同等重要的一个因素。英国军需大臣温斯顿·丘吉尔指出："从空中攻击交通线和基地，一定会影响地面的主要战斗。空中优势为这种攻击提供了可能。""真正控制了天空，各种活动都将很容易展开，现在不能在战场

上使用的各种飞机都可以大显身手。大批士兵可以从空中运向战区各要点附近。'空中纵队'还可以到敌人深远后方活动，迫使敌人分散前线的防御力量，最终导致敌人军队溃败。"

第一次世界大战期间，军事战略家进一步提出了不稳定空中优势理论。认为即使歼击机数量上明显地超过敌机，空中优势也只能是暂时的和局部的。只有在整个战线的主要突击方向上有数个歼击机大队时，空中优势才能保持数小时。在次要战线上，必须有航空兵独立支队可供使用，而且要在机场上待命。它们或者根据防空的要求投入战斗，或者由航空兵大队长决定投入战斗。在主要方向上，应全力以赴地去夺取空中优势，以使己方的飞机能进行活动，以及保障己方的地面军队免遭空袭。

第一次世界大战争夺制空权的实践说明，航空技术装备的质量和数量是夺取制空权的物质基础。制空权通常掌握在技术方面占优势的一方。在争夺制空权的相当一段时间里，由于交战双方的技术装备基本处于均势，因而，哪一方都难于牢固地掌握制空权。德国装备"福克"飞机后曾一度掌握制空权，但是当对方飞机性能改进以后，就难于牢固掌握制空权了。到战争后期，德国由于飞机制造补充不了战场上的损失，制空权逐步丧失，地面战斗也处于失利地位，最终彻底失败。另外，飞行员的素质对夺取制空权起重要作用，在尼韦尔战役中，英、德双方的飞机性能相近，但是由于英国飞行员是在训练时间较短的情况下仓促上阵的，战术上又墨守陈规，而德国飞行员在技术上则

英国皇家飞行队

比较老练成熟,再加上战术运用灵活,因而使英国皇家飞行队在尼韦尔战役中遭到惨败并丧失制空权。

前苏联战术研究家Ａ·Ｈ·拉普欣基,对第一次世界大战中"王牌"飞行员作用问题作了研究,认为第一次世界大战期间的空战主要以单机格斗的形式进行,战斗情况受"王牌"飞行员的影响很大。例如,法国在1918年共有歼击机飞行员1500名,在空战中共击落敌机2049架,其中908架,即将近:45%是被52名"王牌"飞行员击落的。协约国参战的飞行员有几千名,在空战中击落的3138架德国飞机中,有2023架,即占总数的65%是被105名"王牌"飞行员击落的。第一次世界大战期间所产生的关于"制空权"的概念和争夺制空权的实践,虽然尚未形成系统的理论,却是战后形成完整而系统的制空权理论的重要基础。

航空火力支援成为空中力量运用的重要使命

第一次世界大战进入僵持阶段以后,双方相对稳定在各自的阵地上。为了发起新的攻势,双方开始在对方重炮射程之外的战线后方集结部队和储备物资。当时飞机是唯一能超出火炮射程的武器,加上飞机载弹装置及轰炸瞄准设备的改进和采用重达50千克的大型炸弹,使飞机有了突击战线和浅近后方目标的能力。例如,1915年1月初,俄国将"伊里亚·穆罗梅茨"轰炸机集中在华沙附近的离前线仅40千米的雅布隆纳机场,用于突击敌方战线和浅近后方的设施及有生力量。1915年5月23日,意大利参战,紧接着就轰炸了蒙法尔科内的奥匈军队哨所和沿维巴夫谷地行进的军队。

1916年,在凡尔登战役和索姆河战役中,航空火力支援发挥了更大的作用。凡尔登战役之初,德军投入168架飞机,掩护其17个师、1204门火炮,在发起进攻前两昼夜,从集中地域顺利地进入出发阵地。在索姆河战役中,英、法军开始使用轰炸机在歼击机的掩护下,从低空水平轰炸敌方地面军队和阵地的298个目标,投下1.76万枚炸弹,总重量约292吨,从而对地面军队进行了直接火力支援。在这次战役中,英、法联军的歼击机飞行员还创造了用机枪扫射敌军堑壕和小型目标的作战方法。法国歼击机

飞行员用歼击机的火力扫射德国军队，特别是打击位于突破口的预备队，收到很好效果。飞机从低空掠过敌方阵地能挫伤敌步兵的士气并予敌以杀伤，从而起到了直接协同地面军队作战的作用，出现了用飞机遂行对地压制任务的新的作战方法。德军在1917年4月的艾勒斯战役中，采用飞机扫射堑壕的战术以后，又专门组织了"作战飞机小队"，用于低空攻击。为适应低空攻击的需要，德国设计了一种带装甲的"容克"式飞机，英国也设计了"塞勒曼德"式飞机，都是用来遂行强击任务的。这两种飞机在大战后期投入使用，成为早期的强击机。

到战争后期，航空火力支援已对战局产生重大影响。1917年，在康布雷战役中，坦克、炮兵、步兵和航空兵开始协同作战。1918年3月，在皮卡迪战役中，德国飞机在地面战斗最激烈的地段，对抵抗最猛烈的敌步兵和炮兵进行扫射，保障了地面部队的顺利前进。德军还使用强击机袭击敌军预备队和撤退中的部队，取得良好战果。在第二次马恩河战役之初，法国派出60架轰炸机袭击了德国第7集团军越渡马恩河的几处渡口，从而迟滞了第7集团军的行进和炮兵的运输。德军统帅部在组织进攻过程中，遭受协约国航空兵火力的不断袭击，影响了对作战的补给，最后导致马恩河攻势失败。以上军事实践说明，由于军事行动的需要和飞机装备的发展，到第一次世界大战后期，航空火力支援的原则已基本确立，已经有了直接火力支援和间接火力支援的区分。一些国家对航空火力支援的实施方法已有明文规定。例如，德国在1918年1月26日颁发的《阵地战的进攻》细则中规定："实施冲击的步兵由配属给军的强击航空兵给予支援。后者按6～20架不等进行编队，在50～100米的高度活动，对敌军及其炮兵和机枪阵地实施突击，用这种方法来支援己方步兵的进攻。"

出现防空作战样式，初步产生了与之相适应的防空兵种战术理论

空袭与反空袭的斗争在第一次世界大战中有很大的发展。航空兵不仅用于战场，而且还用于摧毁敌人后方的目标。航空兵在整个地面战役进行期间可以按预定计划大量出动，在战场范围对靠近前线以至于后方的目标构成了真正的威胁。因此，最先出现的防空是掩护军队的野战防空，即军

队防空和掩护个别目标的要点防空,继而出现了掩护重点目标和城市的要地防空。这些防空统称为目标防空。这是国土防空的雏形。为了减少后方目标遭受空袭的损失,一些国家要求居民采取疏散、隐蔽和加强构筑防空洞、消防、灯火管制等措施,进行防空。

第一次世界大战时期,防空部队已有歼击航空兵、高射炮兵两个基本的兵种和少量的拦阻气球部队、探照灯部队。歼击航空兵在防空作战中有效地发挥了作用。据资料统计,协约国在第一次世界大战中损失的8400架飞机中,有6800架是被德国歼击机击落的。由于各国都重视发展歼击机,到大战末期,歼击机占整个军用飞机的比例已达40%。各国还研究制定了掩护目标和在目标地域上空进行空战的方法,开始采用了"空中巡逻"和"地面待战"等歼击机防空作战的战术。高射炮兵也是防空作战的主要力量。大战初期主要采用76毫米野炮以及海防炮,后来各国相继研制出了专门射击空中目标的火炮。高射炮的射击精度逐渐提高,1916年击落1架飞机需消耗9500发炮弹,到1918年减少为3000发。战争中,高炮的数量增加很快,如德国在战争爆发时只有18门大口径高炮,到战争结束时已拥有896门大口径高炮。

翱翔的雄鹰:空军的历史

防空部队

在第一次世界大战期间,防空作战主要采用3种方法进行:①用歼击航空兵和高射炮兵进行直接截击;②利用拦阻气球设置幕障;③攻击敌机出发地。1914年,英国海军大臣温斯顿·丘吉尔在防空备忘录中强调"对付空中威胁的最好防御是攻击敌人飞机出发地"。

当时,在法国指挥空军作战的英国指挥官特伦查德认为:"对敌机的最好防御就是向敌人发动无情攻击。"但是,限于当时装备的质量和数量,实际上对空防御更多采用的是直接截击和设置幕障。直接截击主要是依靠歼

击航空兵和高射炮兵,他们已有各自的兵种作战原则和战术。高射炮兵的作战原则,包括集中兵力、环形部署、密集配置、集火射击等。在要地防空作战中,已开始同时使用歼击航空兵和高射炮兵,并划分了各自的作战空域和区分了作战任务。因此,早期防空理论已涉及到防空合同战术的一些问题。设置幕障主要是利用气球在空中组成屏障,拦阻敌方飞机的空袭活动。1916年,就用气球拦阻过敌机对大居民点的低空袭击。1917年,在伦敦东部设立的气球屏障,还在气球下悬挂了铁索和铁丝,提高了拦阻效果。到第一次世界大战结束前,英国在泰晤士河南北两岸上设置的这种气球屏障达10个之多。气球幕障虽然不至将敌机撞毁,但作为障碍物却足以对敌飞行员构成精神威胁,使其不敢贸然闯入,起到了阻滞的作用。

随着防空作战的发展,防空指挥逐步得到加强。到第一次世界大战末期,一些国家已经成立了由专职负责人员领导的防空指挥机关,统一指挥所有的防空兵力兵器。例如,德国设有国土高射炮兵总监,法国设有国土防空主任,俄国则由最高统帅部大本营通过各军区司令对防空力量实施领导,英国的"伦敦防空指挥部",管辖的范围实际上包括了英格兰的整个东南部地区。为了及时向防空作战部队报知敌机活动情况和向居民发布空袭警报,各国还建立了监视和报知系统。

温斯顿·丘吉尔

第一次世界大战期间,由于航空兵器的作战半径和战斗威力的不断增大,对空防御由保卫军队、方面军后方地带和靠近前线的地面目标发展到对首都等要地的防空作战,因而产生了崭新的作战样式——国土防空,开始形成野战防空、人民防空和国土防空等防空类型。与此相应的防空兵种战术理论已经出现,并形成了防空合同战术理论的雏形。

战略轰炸成为空军使用的一条基本原则

关于战略轰炸的概念和行动，在第一次世界大战前已经开始探讨和实践，但在大战中才受到交战双方的普遍重视。从1915年起，德国利用"齐伯林"飞艇袭击过英国伦敦等地，也袭击过法军后方的铁路、车站和工厂。但是由于飞艇不能实施精确轰炸，轰炸效果不大，而且体积大，速度慢，易损率高。因此，齐伯林飞艇一共进行51次空袭，到1916年基本已停止使用。德国从1917年起改用飞机对英国实施战略轰炸。主要使用"哥达"型和装有6台发动机、载弹量最大达1.5吨的"巨人"型重型轰炸机，采用密集队形、同时投弹的方法，取得了较好的轰炸效果。德国将担负轰炸任务的航空兵部队改编为轰炸第3战队，任命布兰汀布克上尉为队长，辖6个中队，拥有36架飞机，加上备用飞机有50架左右。德军轰炸机空袭英国本土共52次，每次出动兵力很少超过30架，最多一次是1916年5月19日夜间，出动43架。1917年5月25日至1918年5月20日，"哥达"式和"巨人"式飞机共轰炸了27次，其中2/3是夜间轰炸。

德国对伦敦实施轰炸后的废墟

1915年1月19日至1918年8月5日，德国对伦敦实施战略轰炸，出动飞机435架次，造成伤亡6200余人，经济损失达300万英镑。但战略轰炸的效果主要还是表现在对敌方士气民心的震慑方面，造成民众心理上的紧张。1917年9月，由于德国飞机在夜间对伦敦的轰炸，使1/3的伦敦居民逃离市区。英国舆论界认为，即使德国飞机投下的只是纸片，也是英国人

的耻辱。

战争初期，德国飞机对法国首都巴黎的袭扰仅是为了战略侦察。1917年下半年则开始对巴黎实施战略轰炸，而且规模逐渐加大。1918年3月11日，德国出动70架"哥塔"、"巨人"式轰炸机空袭巴黎。大战期间，德军轰炸机部队出动70次对巴黎实施轰炸，但大部分轰炸行动由于受到警戒网拦阻，能抵达巴黎上空的次数不多，取得的效果不大。

在第一次世界大战中，美国的轰炸机一共只投了183吨炸弹。在第一次世界大战中，在战略轰炸目标的选择方面，交战双方都把对方的首都作为战略轰炸的目标。除此之外，德国认为战略轰炸的主要任务是袭击居民，摧毁其战斗意志，而英、法、意等国则认为战略轰炸的主要任务是袭击敌方的工业和交通目标。但是，由于当时轰炸机没有足够的载弹量，其投弹也不够精确，因此不足以消灭对方真正有战略价值的目标。据1915年的一份研究报告记载，协约国对德国"齐伯林"飞艇厂棚的轰炸，每4次轰炸中，只有一次能命中；对火车站、铁路交叉点等目标投弹，每投弹100枚，只有2枚能命中。到1918年，虽然技术上有所进步，但命中率仍然不高。因此，交战双方实施的"战略轰炸"都未获得意义重大的战略效果。然而经过战争的实践，许多国家都把战略轰炸作为空军使用的一条基本原则确定了下来，并为后来杜黑、米切尔、特伦查德等早期空军军事理论家提出的战略轰炸理论提供了重要依据。

确立集中使用航空兵力的原则，产生了实现集中使用航空兵力的战术

第一次世界大战前期，各参战国的航空兵部队都分散隶属于陆军部队，这种隶属关系必然影响到航空兵便于机动和猛烈突击能力的发挥。战争后期，随着空中力量的发展，航空兵部队的集中使用和统一指挥的问题就逐渐突出出来。

1916年，在凡尔登战役中，德军率先在主要进攻方向上集结了80架侦察机、40架歼击机和5个轰炸机大队的空中力量。数量和技术上都占优势的德军歼击机部队，在战斗的第一天就取得了制空权。法军为了扭转不利局面，迅速临时集中飞机，并实施统一指挥，进行大规模反击，从而取得

了与德军空中力量的平衡。在后来的索姆河战役、康布雷战役、第二次马恩河战役、亚眠战役、圣米耶尔战役等重大战役中，交战双方都在主要方向和重点地区集中的使用了航空兵。

集中使用航空兵力，可以在总兵力对比占劣势的情况下取得局部胜利。1918年，协约国的空军力量强于同盟国的空中力量，在英国防区是1255架对德国1020架，布法国防区约为2000架对470架。但是德国军事指挥人员在最需要的地方集中使用他们的飞机，因而取得了局部优势，以至在1918上半年，德军获得一定时间的战略主动权。1918年3月，德军在皮卡迪进攻中，运用了集中使用兵力的原则，以1000架对500架的优势航空兵力，在第一天就掌握了制空权。同时还组织了步兵、炮兵和航空兵的协同作战。炮火准备后，步兵随即发起进攻，升起了观测战斗进程与校正炮兵火力的系留气球；烟气消散后侦察机立即出动侦察，向指挥部报告突破进程；歼击机不断出动，为争夺制空权而战；强击机在战斗最激烈的地段投入战斗，支援地面部队，包括袭击敌方开进的预备队和撤退的部队。通过这次战役，德军仅第18集团军就前进了84千米，英法联军死伤21万多人。这说

凡尔登战役

明，德军虽然在总的兵力对比上明显占劣势，但由于集中使用兵力，从而取得了局部的巨大胜利。在第一次世界大战中，航空兵兵力集中最多的一次战役是圣米耶尔战役。这次战役是以美军为主力的一次进攻战役，由威廉·米切尔指挥，他是美国第1集团军的空军指挥官。米切尔受领了夺取制空权和支援进攻作战的任务，他深知这次战役的胜利将会使空中形势发生转折性变化。经福煦元帅和潘兴将军批准，他集中了701架歼击机、323架昼间轰炸机、96架夜间轰炸机、3架观察机的航空兵力，其中1/3

是美国飞机，其余的飞机是从英、法、意等国部队抽调的。集中的空中兵力，保护了美国部队的作战行动，并使其不受德国航空兵的袭扰。

一个月后，米切尔在默兹—阿尔贡战役中再次运用集中兵力的原则，取得了局部空中优势。

航空兵力的集中使用，要求空中战斗队形要有相应的变化，要改变单架飞机一对一较量的战术。1916年2月，在凡尔登战役中，德国率先将航空兵编成战术编队。同年10月，德国航空勤务队强调："目前空中战争的方式已经显示了单架飞机进行作战的缺点，因此，必须避免分散兵力和处于劣势的情况下仍继续作战，而应改用多机编队，直至整个中队编队。必须对作战中队进行严格的训练，使之能够作为一个战术单位以密集编队的形式进行活动，这也是他们实施攻击时必须采用的方式。"为了实现航空兵力的集中使用，其他各国也相继采用了编队的活动方式，并且提出诸如不易被高射炮火毁伤，在战斗中彼此能进行火力支援，便于机动和观察，编队中的飞机作层次配置等具体要求。

战争实践证明，在第一次世界大战中期产生的集中使用航空兵兵力的原则，是很有生命力的，它至今仍然是空军战斗基本原则的重要内容。

创立独立空军的理论与实践

第一次世界大战中，航空器用于军事的实践以及航空技术的发展，使各国对军事航空作用和认识的期望不断提高，从而推动了军事航空组织和航空兵部队的迅速发展。军事航空从最早仅仅是工程兵或通信兵的附属单位发展到成为独立兵种，编有专门的侦察、歼击、轰炸部队，能独立或与陆、海军协同作战。对于军事航空组织的发展，一些航空先驱人物，起到了积极作用。1915年5月，任米兰师参谋长的杜黑中校就向师长建议组建航空兵部队。美国空军奠基人威廉·米切尔在1915年的一份报告中写到："航空兵将是陆军保卫美国海岸的特别有用的辅助兵种。航空兵将用来实施侦察、反侦察、攻击敌人飞机、舰船和潜艇，并可用作海岸炮兵的校射机。"这些论述对当时军事航空组织的发展起到了推动作用。

在组建独立空军方面，英国做出了杰出的贡献。当许多强国尚在对空军的未来发展和使用价值进行探讨的时候，英国当局却正确地认识了空军在英国本土防卫中的作用和价值，看到了独立空军的发展前景。德国对英国的空袭，促使英国认真研究并组织了一支空军，反击德国的飞艇、飞机、机场，以及潜艇设施和德国西部的工业区。1916年，英国海军航空队开始对德国进行战略轰炸。1917年，英国陆军航空队也开始进行这种轰炸。继而英国政府考虑成立统一的战略空中进攻部队，以便在战略轰炸中发挥更大的作用。陆军元帅简·克里斯坦·斯穆茨受命调查和论证英国空中力量如何建设与使用问题。斯穆茨在第一个报告中，对伦敦的防空要集中领导和指挥的问题提出建议。1917年8月17日，他又提交了第二份报告。在这份报告中，他对空军的作用、地位进行了深刻的阐述，并对建立空军的问题提出了具体建议。他写到："空中力量可以成为一种独立的战争手段。……航空部队和炮兵不同，它可以独立于陆、海军之外进行大规模作战。根据目前的预见，它未来的作战使用规模几乎是无限的。可能在不久的将来，从空中大规模攻击敌国领土，破坏其工业和居民中心，将成为主要战争方式。老式的陆上、海上战争可能退居次要和从属的位置。目前的航空局和海军航空队、皇家飞行队只能适应航空事业的幼年阶段而不适应战争形势的发展。"斯穆茨在报告中提出了8点建议：①尽快建立空军部，负责管理、控制有关飞行器和空中战争的一切事宜。②在空军部下设立空军参谋部，负责战争计划、作战指导、搜集情报、训练人员，定期从前线选调有经验人员担任参谋军官。③空军部和空军参谋部立即着手安排，合并海军航空队和皇家飞行队，组建空军，并起草必要的文件法规。④安排海军航

第一支独立空军

空队和皇家飞行队人员转入空军部队。⑤空军要与陆、海军保持密切联系。⑥空军要随时派出部队配属于陆、海军，进行陆、海军所需的作战活动。⑦陆、海军可派出军官到空军短期工作。⑧陆、海军军官在必要时根据自愿可以转到空军工作。

　　1918年4月1日，在第一次世界大战结束前，英国成立了与陆、海军平行的空军。从此，世界上诞生了第一支独立空军。由休·特伦查德任英国空军第一任参谋长。特伦查德对英国独立空军的建立起到了积极促成的作用。他在第一次世界大战中，指挥英国驻法国的航空兵部队。通过航空兵作战指挥的实践，他既体验到航空兵的作用，也深深感受到海军航空队和皇家飞行队自成体系而互相掣肘的弊端。因此，他大力鼓吹、积极活动，以促成建立一支统一的空军。特伦查德以战地航空司令官的威望，卓有成效地使他的观点变成了英国当局的国防决策，英国在世界上率先建立了第一支统一的并且是与陆、海军平起平坐的独立空军。但是，这支独立空军还没有来得及有所建树，第一次世界大战就结束了。尽管如此，英国建立空中力量的统一组织是个伟大的创举，对世界军事航空事业的发展起到了巨大的推动作用。

第二次世界大战时期的空军及空战

第二次世界大战是迄今为止人类历史上规模最大的一次全面战争。世界各国空中力量首次大规模自始至终参加战争，在战争舞台上大显身手。空中力量大规模参战，极大地改变了现代战争的面貌，开辟了战争的新领域，丰富了现代军事学术思想，成为促进军事历史转折的一个重要因素。通过第二次世界大战的实践，证明了空军是一支能执行多种任务的军事力量，在现代战争中起着重要的战略作用。空军既是强大的空袭力量，又是有效的防空力量；既能消灭战场上的敌人，又能突击敌后方战略目标，破坏其战争潜力。空军不仅能协同其他军种作战，而且可以独立执行战略、战役任务。空军在战争中的地位和作用引起了各国的高度重视。大战期间，空军得到飞速发展，交战国双方建立了庞大的歼击、强击、战术轰炸、战略轰炸等航空兵。战后，一些将航空兵隶属于陆、海军的国家，都把航空兵从陆、海军里独立出来，建立了独立空军。空军已成为对战争全局有重大影响的军种，从而确立了空军在武装力量构成中的独立地位。

德国空军的再次崛起

德国是第一次世界大战的战败国。1919年6月签订的《凡尔赛和约》中，明文规定了德国的军事航空工业必须结束，德国的航空部队必须取消。1920年，在协约国管制委员会的监管下，解散了德国空军部队，德国向协约国交出了所有航空器和有关设备，只保留140架飞机供商业使用，航空人

员被大批转业到其他行业。和约还规定不许德国制造各种飞机。然而，德国很快就使《凡尔赛和约》变成了一张废纸，在各种名义的掩护下，开始重建空军的活动。

积极研制新型作战飞机

《凡尔赛和约》虽然使德国的航空工业完全陷入停顿状态，但德国并没有停止对飞机的研究和制造。首先，他们大力发展滑翔机，成立了许多滑翔机俱乐部，使滑翔机的性能达到了很高水平，这是德国重新振兴航空工业的起点。1926年，英、法、德、意等国在巴黎签订了航空协定，撤消了对德制造民用飞机的种种限制。德国抓住这个时机，很快研制出了DO—X型、Ju—38型飞机、Ju—52—3M型等民用飞机，这些飞机在以后德国重建空军时被改装为军用运输机和轰炸机。巴黎协定并未撤消禁止制造军用飞机的禁令，但德国仍我行我素，加紧军用飞机的研制工作。到1934年，已有多种型号的军用飞机开始生产，其中主要有：亨克尔公司的He—51型战斗机、He—45、He—46型侦察机，容克公司产生的Ju—52—3M型轰炸机；道格尔公司Do—11型和Do—23型轰炸机。此外还生产一些军用教练机。

秘密培训飞行人员

早在第一次世界大战结束时，德国就已经为自己的空军"东山再起"打下了埋伏，做了准备。1920年，德国国防部陆军总司令冯·西克脱将军就在各部门安插了一批军事航空部队的军官，其中包括斯潘勒·鲍维尔、凯塞林和斯东普·魏维尔等人。他们后来都成了德国重建空军的重要指挥官，其中魏维尔成为德空军的第一任参谋长。此外，利用滑翔机俱乐部培训了大批飞行人员。当时德国的主要航空团体——德国航空运动协会，有近5000名会员，这就为德国空军的重建准备了大批人才。1926年，德国政府抓住巴黎航空协定撤消对德制造民用飞机种种限制的机会，扩充民航事业，培训一大批空地勤人员。更为重要的是，根据苏德在1922年签订的拉帕洛条约里所附的秘密军事条款精神，德国从1926～1933年这段时间内，在前苏联的利别斯克训练中心和设在高加索的一些机场的训练基地秘密培

训了大批军官。那些后来在德国空军中身居高位的重要指挥官，许多都是在苏联培训出来的。

希特勒上台推动了德国空军的崛起

1933年，希特勒上台仅仅4天以后，就对军事将领强调，扩军是德国重新夺取强国地位的极其重要的一个前提。于是，他把扩军备战摆在第一位，大力推行德国的经济军事化。1933～1936年，德国新建飞机制造厂就达55～60个。为了推动航空工业的发展，政府对航空工业采取扶持补贴的办法，使飞机制造业蓬勃地发展起来。1935年上半年，飞机年产量仅180～200架，到下半年就增加到300架，到1939年时，已达到年产飞机4760多架。在提高飞机产量的同时，一些新的机型相继问世，1936～1937年，Me—109型歼击机、Hs—123型俯冲轰炸机、Ju—87型俯冲轰炸机、Do—17型中型轰炸机，以及He—111型中型轰炸机等最后定型并生产。这些飞机，都是第二次世界大战中为德国的侵略战争立下过汗马功劳的著名战机。

1935年3月，德国空军正式成立。戈林被任命为空军总司令，魏维尔任空军参谋长。德国空军成为同陆军、海军具有同等地位的一个军种。希特勒为了锻炼部队，提高空军人员的技术战术素质，抓住西班牙内战这一难得的机会，派出空军部队——"秃鹰军团"，参加了支援叛军的空中作战，取得了夺取制空权、军事运输、轰炸、空战战术等许多方面的作战经验。

从第一次世界大战结束到第二次世界大战爆发前，在20年左右的时间里，德国空军再度崛起，成为当时从武器装备到技术素质都称

希特勒

得上是世界一流的空军。尤其是1935年德国空军正式成立后，其发展是相当迅速的。刚组建时，有各型飞机1888架，官兵总数约2万人，作战飞机总数达到4201架，官兵总数已达80万人。德国为了适应战时需要，对空军的组织体制和指挥机构进行了大规模改组：将作战部队分属于"航空队"作战指挥部，每个航空队由2~3个空军指挥部和1~2个空军部队组成。作战指挥由空军负责组织实施，基本作战单位是飞行大队，每个大队下辖3个中队，中队下有小队。此外，轰炸机大队和歼击机大队以上还有联队。德国空军在组织编制和武器装备方面经过战争的检验是有很多缺陷的，甚至有些缺陷在战争中造成了难以弥补的后果。比如，在组织编制上重视战术运用，重视与地面部队的协同，而忽视集中兵力实施统一指挥的战略运用。就其航空队来说，实际上是一个小规模的综合空军，从侦察机队到轰炸机队，由各飞行部队组成，这样就分散了空军力量，轰炸机部队只能分散执行各种任务，因此，作战消耗严重。在武器生产方面，忽视了远程重型轰炸机的生产，战斗机与轰炸机的作战半径小，载弹量不足。这些问题，都是导致德空军在二战中由优势转化为劣势的原因之一。

尽管德国空军在战前准备中存在这些缺陷，但在第二次世界大战爆发以后，德国空军在"闪击作战"的战略思想指导下，在支援坦克摩托化部队快速推进，伞兵实行空降作战、突击机场、夺取制空权、支援装甲部队作战、轰炸城市等方面，都表现出它是一支具有强大的战术攻击力量的空军。在战争过程中，德国还研制了如V—2火箭，研制成4种喷气式飞机，其中梅塞施密特—262型飞机生产了1400多架，并参加了作战。这些新式武器的研制成功，表明德国的航空科研和武器生产已达到领先水平。

"闪击"波兰

1939年9月1日，德军运用了一场席卷欧洲乃至全球的战火。"闪击战"大举入侵波兰，在"闪击战"中，德国空军发挥了重要作用。

战争爆发前的波兰空军

20世纪30年代中期，波兰像大多数其他西方国家一样，认为欧洲战争

不可能在1941年或1942年以前过早地爆发。因此，它在战略指导思想上犯了一系列错误，以为有西方强国做后盾，德国决不敢来犯，因而，防御准备不足。对德国迅速强大视若无睹，对自身的国防建设和防御力量缺乏思想上和物质上的准备。就空军来说，一是作战飞机数量少，二是飞机老旧。同德国的空军力量相比，相差十分悬殊。1938年以前，波兰空军一直是陆军部的一个组成部分，它的发展和活动主要是受陆军控制。1938年，波兰成立了空军参谋部，它的任务是建立一支防空部队，并决定以单纯防御的方针改编空军部队，即战术航空队和陆军支援航空队。战术航空队有一个战斗机旅和一个轰炸机旅组成。

1939年春，波兰空军进一步进行改组，将第21、第22、第55、第64、第65中队以及4个轰炸机中队调出，成立一个独立轰炸旅，直属于波兰最高统帅部。7个集团军中各配属一个中队，担任航空侦察任务。从8月27日到31日，这些中队分别进驻各自的作战机场。在战争爆发前夕，波兰歼击航空兵的武器装备是很落后的，原订从国外购买的一些新式飞机直到战争爆发时，大部分还没有交货，国内设计制造的飞机有的也只是刚刚定型生产。据有关资料统计，波兰空军在每掩护5180平方千米的地域里，歼击机的数量最多不超过10架，整个作战部队疏散配置在500里长的战线上。可见，无论从夺取战略制空权或战役制空权的角度来说，其空军的力量都是相当薄弱的。

德国为"闪击"波兰积极备战

希特勒入侵波兰的战略决策不是孤立的事件，而是德国法西斯企图征服世界的"总战略的重要组成部分"，它是由希特勒的"生存空间论"理论作为指导的。希特勒认为，为了扩大德国民族的生存空间，必须剥夺欧洲邻国以及世界其他国家的生存空间，建立德国对欧洲乃至世界的统治。在希特勒要夺取的生存空间中，他认为首先夺取波兰至关重要。这是因为：①波兰是德国的周边国家，要想征服欧洲，必须夺取波兰这个前进基地；②波兰是西方国家的盟国，当德国同西方发生冲突的时候，会受到波兰的进攻，为免遭东、西两线受敌，首先要消除这个战争障碍；③希特勒一贯

的思想是彻底消灭苏联,因此他认为,将来发动侵苏战争时,波兰将是有利的进攻出发地。正是在这种背景之下,希特勒断言:"不存在保留波兰的问题,我们只有决定,一出现适当时机,就进攻波兰。"1938年,希特勒按计划首先不流血地吞并了奥地利和捷克斯洛伐克。1939年4月3日,希特勒批准进攻波兰的作战计划——"白色方案"。8月22日,希特勒对三军头目进行了侵波战争的最后动员。9月1日,德国向波兰发动了突然袭击。

德国空军在"闪击"波兰作战中的运用

1939年9月1日凌晨4点45分,德军以5个集团军的7个装甲师作为先头部队入侵波兰。德国北方集团军群第3、第4集团军,分别向东方和东南方的库特纳和华沙实施突击,南方集团军群从南部向库特纳,从东部经过克拉克夫向利沃夫实施猛烈突击。在北面,第1轰炸机联队第1大队突击了波兰的普特济格——拉美尔海军基地,突击了华沙的奥肯切航空港。在第一天的作战中,德军出动了全部能用于作战的轰炸机轰炸了波兰第一线的21个机场、交通枢纽、指挥机构和飞机工厂。德国空军在第一天的作战行动虽然没有实现原定的将波兰主要作战飞机消灭在机场上的计划,但是却严重地破坏了波兰一线机场的指挥通信系统,使波兰空军在抗击德国空军的进攻中无法实施集中统一指挥,只是同德国空军进行了小规模的战斗。9月17日,波兰将剩余的70多架飞机转移到罗马尼亚,德国空军完全掌握了波兰上空的制空权。德国空军在第一天对波兰机场突击的同时,还严重地破坏了波兰军队的通信网络,致使波军的电话、电传机等通讯工具完全丧失功能,作战指挥全部陷于瘫痪。

德国空军对其地面部队的支援主要是实行空中阻滞,突击波军交通干线,阻滞波军作战物质运输,轰炸波方道路上的桥梁,渡口和退却部队。9月2日,德空军两个大队共40架飞机准确地轰炸了正在彼奥特库夫下火车的波军部队。9月3日下午,一队德空军又集中兵力突击了德军南翼的波军重兵集团。9月4日,波军第7师被迫放下武器。

德国空军在掩护高速突击的装甲部队时发挥了重要作用。开战后不久,德军第8、第10两个集团军以最快速度向华沙推进,但由于侧翼暴露,受

翱翔的雄鹰：空军的历史

到波军攻击，德军节节败退，迫使德军南方集团军首次提出请求空军支援。德空军于9月14日突击了高特诺地区，炸毁了布祖腊河上的铁桥，并猛烈突击了以坦克为主的波军纵队，使德军第8集团军从困境中解脱出来。9月16～17日，德空军每天有数百架飞机支援地面军队作战，俯冲轰炸机和强击机对布祖腊河一带集结的波军进行猛烈轰击，将波军压制在树林之中。9月18日，在德空军猛烈的打击下，波军丧失了抵抗能力。经过9天激战，波军17万人被迫放下武器，宣布投降。

德空军还对波兰首都华沙进行了猛烈的轰炸。原定计划在开战的第一天轰炸华沙，但由于大雾而未按预定计划进行。9月9日，德空军的俯冲轰炸机对华沙市区进行了首次大规模轰炸。在以后的3个星期里，共对华沙进行了6次轰炸，其中9月25日从上午8时开始，德国空军投入了400多架飞机，对华沙进行了大规模轰炸，出击3～4次，投普通炸弹560吨，燃烧弹72吨，整个华沙变成一片火海，居民伤亡很大。9月26日，波兰宣布投降。9月27日，正式举行投降签字仪式。在不到一个月的战争中，波军伤亡20万人，损失飞机330余架。波兰空军在与德国空军力量对比十分悬殊的情况下进行了空中抗击，在完全失去制空权的情况下仍然进行了一些轰炸活动。战术航空队在17天的战斗活动中，轰炸机旅投掷了30多万吨炸弹；在德军入侵的第一天，波兰战斗机就击毁了13架德机，到9月17日共击毁德机87架；配属于野战集团军的战斗机中队，在开战后的6天中，就击毁德机63架，在战斗中共击毁德机83架。但终因飞机数量不足，性能落后，机场不断遭到德空军的轰炸，以及指挥系统瘫痪，不能集中兵力组织有力的反击等原因而失败，损失了约90%的装备和70%的人员。

德国空军闪击波兰

战败后的波兰空军

波兰战败，但其空军却没有停止活动，波兰的空军人员被迫离开祖国，分别到法国、英国、苏联、中东等国家和地区积极重建空军，继续进行反法西斯的战斗。

波兰空军大部分人员在法国里昂建立了布朗战斗机中队，还有许多人被派到法国作战部队担负保卫法国的作战任务。随着法国的沦陷，很多波兰空勤人员又到了英国。

还有一支波兰空军在苏联组建，其第一个战斗机中队使用雅克—1型单座战斗机，于1943年7月开始作战。后来又组建了第二战斗机中队。1944年8月10日，这两个中队在基辅附近组成华沙第1战斗机团。1945年二三月间，该团对北线沿波罗的海作战的波兰第1集团军进行了空中支援。4月16日以后，该团又参加了"柏林战役"，在两个星期的战斗中出动飞机400架次。总共出动1400架次，击落飞机9架，有6名飞行员阵亡。1944年4月15日，着手组建第2克拉科夫夜间轰炸机团。8月23日，组建后的夜间轰炸机团进行首次作战，以后对德国补给线进行了一个时期的轰炸。从1944年9月6日开始在华沙进行空运补给活动，共完成183次空投任务，随后又对向前推进的苏联军队进行了密切支援，并于5月14日夜间第一次对柏林地区进行了攻击。该团总共进行2927架次的战斗飞行。波兰在苏联还组建了第3攻击轰炸机团，装备伊尔—2型飞机，它与上述两个团组成波兰第1空军师。这些部队在反法西斯战争中，

战败后的波兰

执行护航、支援苏联第1集团军作战、突击敌军集团、破坏敌交通线、为己方军队空投补给品等任务。在苏联受训和参战的波兰飞行员构成了战后波兰空军的核心力量。波兰解放后，依靠苏联的全面支援，以在苏联组建的第1航空兵师为基础，建立了波兰人民军空军。但在第二次世界大战中，在英国皇家空军及在其他国家服役的波兰空勤人员，由于政治上的原因，绝大部分都没有回国，有些回国的也没有被批准参加波兰空军。少数在战争时曾在西方国家服役的军官回国参加波兰空军后，遭到清洗和监禁。

北欧之战中的空军

德军占领波兰之后，便开始实施进攻丹麦和挪威的作战计划。1940年3月1日，希特勒签发了"关于'威悉河演习方案'的指令"。指令中提出了这次德军进攻的战略意图是："应通过此举，防止英国入侵斯堪的纳维亚半岛和波罗的海，保护我们在瑞典的矿石基地，扩大海、空军进攻英国的出发地区。"在指令中给空军下达了如下任务："占领丹麦（南威悉河演习）……空军航空兵部队主要用于显示实力和空投传单。应确保能利用丹麦的地面设施和实施对空防御。""占领挪威，第21集团军的任务，通过从海上实施空降，突然占领最重要的海岸地段。在实现占领之后，空军应组织对空防御，利用挪威的基地对英国实施空中战争。"4月2日，凯特林受希特勒委托，签发了"关于威悉河演习的补充指示"，确定发起进攻的时间为1940年4月9日5时15分。这个时间，便是北欧之战的开始时间，该战于6月10日结束。

丹麦和挪威空军

丹麦是北欧的小国家，当时人口只有440多万人，但它在欧洲的全面防御中却占有极其重要的战略位置。国家虽小，军事航空却发展的较早，早在1911年12月14日，丹麦的海军航空兵就诞生了。第一次世界大战期间，丹麦保持中立。它为了扩充陆海军的航空兵，开始在皇家陆军兵工厂制造本国和外国设计的飞机，并开始修建机场。1920年，丹麦向英国购买6架

飞机。1923年2月1日成立了独立的陆军飞行团，但规模不大。1926年又组成了海军飞行团，下设2个飞行中队，到1932年整编后，仍保持2个中队。而陆军航空团则改名为陆军航空兵部队，并获得很大发展，其计划兵力为5个飞行中队和1所航空学校，但第4飞行中队一直没有组建。从1932年开始，海军航空兵的活动主要是进行照相测绘，到1938年，共飞行800多小时，大约飞行7.8万千米的航程。由此可以看出，丹麦虽有空军，但规模小，没有作战能力，同实力雄厚的德国空军是无法相比的。

挪威当时尚未有统一的空军，只有陆军和海军航空兵。它的历史，可以追溯到1912年。那年8月，由5个海军军官从德国购买的1架托贝式单翼机和由1名挪威侨民购买的1架莫里斯·法门式飞机参加了陆军的演习。第一次世界大战爆发后，挪威陆、海军正式建立了航空兵部队。到1933年，陆军航空队辖3个侦察机中队、1个歼击机中队组成的空军营并有陆军飞机场、飞行学校。当时计划第一线飞机的数量为36架战斗机和36架侦察机。海军航空兵拥有64架作战飞机，即20架战斗机、20架鱼雷轰炸机、24架侦察机。第二次世界大战爆发之前，挪威从英国订购的12架"斗牛式"单座战斗机，于1938年交付陆军航空队。由于欧洲局势日趋紧张，挪威政府开始加强航空兵的兵力并使之现代化，从国外加紧定购一些较为先进的轻型轰炸机和战斗机。

德国空军对丹麦和挪威的突击

1940年4月9日，德国对丹麦发起突然袭击。德空军首先对丹麦的维路赛实施低空突击，丹麦陆军航空兵部队的大部分飞机被击毁。5时30分，德国第1特殊任务轰炸航空兵团第8中队的容克—52型运输机，运载着空降兵第1团第4连从尤太森机场起飞，7时左右便顺利地在奥尔堡上空伞降。由于丹麦政府和国王要求人民不要对德军进行任何抵抗，结果德国只空降1个排的兵力，便顺利地占领了奥尔堡东西两侧的机场，其他排同时占领了斯托尔斯德列姆大桥，接着又占领了连接马斯纳德岛和两兰岛的大桥。德军在一天之内仅用4小时，便兵不血刃地占领了丹麦。

丹麦沦陷后，很多飞行员逃出了丹麦，参加了英国空军部队的作战，

有的去了加拿大、挪威的空军部队。逃往瑞典的丹麦飞行员在瑞典皇家空军中接受训练。1945年4月，丹麦飞行员在赛塔纳组建了一个轰炸机中队，由于当时德军已处于溃崩和投降前夕，所以这个轰炸机中队没有参加战斗。在丹麦被德军占领期间，丹麦的陆军和海军仍有自己的航空兵部队。到1947年12月1日，丹麦成立了一个总的航空兵参谋部、1个航空学校和技术勤务管理处，作为陆、海军航空兵合并的第1个步骤。1950年10月1日，正式成立丹麦皇家空军。

德军在丹麦哥本哈根一座桥下警戒

德军对挪威的突击，是和突击丹麦同时进行的。1940年4月9日5时30分，德军开始在挪威沿海地区登陆。德国空军首先夺取了登陆地区的制空权。运输航空兵负责运送空降部队和后勤补给。

为了配合德国海军的登陆行动，德空军轰炸机部队在挪威的克里斯蒂安松、斯万塔格和奥尔根等地进行威慑性飞行，攻击了奥斯陆切肯机场及峡湾岛屿上的炮台、霍尔门克联的高炮阵地等。从4月10日起，德增派大批陆军由海、空两路运往挪威，到4月11日，德军已把各个空降场联合起来，完全控制了挪威。待英法军队在4月14日和16日开始在挪威北部登陆进行支援时，挪威的大势已去。由于德军掌握了制空权，英、法联军在4月19日的海上运输遭到了德国空军的空中突击，大量的海上舰船被德空军击毁，损失惨重，物资供应中断。英、法联军在挪威中部的进攻遭到失败。6月7日，挪威国土和政府撤往英国。6月8日，英、法联军从挪威撤出。6月10日，挪威陆军司令率挪军残部投降。

挪威空军的抗击作战

　　挪威的航空兵部队在自己的国家处于生死存亡的时刻，发挥了应有的作用。驻在福纳博基地的战斗机中队的 7 架斗牛士飞机打得很好，击毁了 4 架并击伤数架德国空军飞机，自己损失 1 架。由于侦察机没有战斗力，只能到处躲避德国空军飞机的攻击。挪威空军经过 22 天的小规模抵抗，终究无济于事。因此，在挪威被德军全部占领之前，凡能够飞往英国的飞机，都转移到了英国。还有以海军航空兵总司令哈加尔玛·雷瑟·拉尔森海军少将和陆军航空队总司令为首的 120 多名挪威飞行人员去了加拿大基地。1940 年 9 月 21 日开始在那里进行训练。在德国进攻挪威时，美国没有来得及交付定货的飞机交到了加拿大基地。1941 年 4 月，在加拿大建立了一支完整的挪威空中作战部队——第 330 中队。该中队装备有 24 架 N—3PB22 型双浮筒水上飞机。1941 年 8 月 1 日，该中队开始参加作战，并转移到冰岛，由英国皇家空军海岸航空兵领导。第 330 中队在冰岛驻扎 20 个月，有半数部队于 1943 年初转移到苏格兰的欧班，直到 1945 年秋季该中队解散时，其装备的 N—3PB22 型飞机共飞行 7500 小时，执行了 421 次船队护航任务，338 次侦察和其他任务，击毁大约 4 艘和击伤多艘德国潜艇。

德国轰炸机飞临挪威海港

与此同时，在 1941 年 7 月 21 日，在约克郡的卡特里克组建了挪威第 331 战斗机中队。1942 年 1 月 17 日，组建了第 2 支战斗机中队——第 332 战斗机中队。1943 年 11 月 1 日，组建了第 132 联队。1944 年 8 月，挪威空军联队到达法国。这些组建的飞行部队，在战斗中发挥了很好的作用。第 331 中队在 1944 年 8 月，击落 114 架敌机，第 332 中队击落 52 架。1945 年初，又成立了第 534 中队，装备"蚊式"战斗机。1944 年春季，陆军航空

队和海军航空兵合并成为挪威皇家空军。

　　挪威的国家很小,在第二次世界大战中又早早地被德军占领,但挪威空军却没有因此而被消灭。他们在极端困难的条件下,重新组建部队,并在战斗中成长壮大,为反法西斯战争的胜利,做出了应有的贡献。

不列颠之战

　　1940年6月,德国在占领整个西欧大陆之后,企图单纯以空军打败英国。希特勒之所以对英国发动战争,就是想以炸迫和,为他继续侵略和扩张寻找一个可靠的伙伴,最少可以在他继续对别国进行侵略战争时解除后顾之忧。希特勒在《我的奋斗》一书中已明显地道出了他对英国发动战争的政治企图。他认为,"在欧洲只有一个可能的伙伴:英国。只有同英国一起,背后有了依托,我们才能向东扩张……通过英国的默契,德国的牺牲才不会太大。"当法国失败后,希特勒认为英国孤掌难鸣,肯定要同德国妥协,于是,德国便于1940年6月19日,建议同英国靖和。但英国当局出于殖民利益的考虑,不甘心把它在欧洲的利益让给德国,加之本国人民强烈反对德国法西斯,因而在人民的巨大压力面前,拒绝了德国要同英国靖和的建议。德国企图利用外交手段达到的目的没有得逞,便决定入侵英国,用武力迫使英国就范。

不列颠之战德国人的攻击给伦敦造成了巨大的灾难

德国"海狮"作战计划的出笼

1940年7月16日,希特勒签发了领袖大本营第3310号绝密文件,即第16号指令:"关于对英国实施登陆作战的准备"。指令确定这一行动的代号为"海狮"。指令中给德国空军规定的任务是:"阻止敌人空军的袭击",摧毁对登陆地段能构成威胁的海岸工事,粉碎地面部队最初的抵抗,杀伤敌开进中的预备队。为了完成此任务,空军各部队必须与陆军各渡海集群组织密切协同。"旨令中还要求空军部队将起炮兵的作用,"必须在士气上和事实上打垮英国空军,使它在德军横渡海峡时不再有值得一提的攻击力量"。1940年8月1日,希特勒签发了《关于对英国进行空中和海上战争》的第17号指令。指令中给空军规定的任务是:"一、德国航空兵部队应以其所有的力量尽快打垮英国空军。攻击的目标,首先是敌航空兵部队及其地面设施和后勤设施,其次是敌航空军事工业,包括生产高射兵器的工业。二、在取得暂时或局部的空中优势之后,应继续对敌之港口,特别是对生活资料储备设施(包括内地的生活资料储备设施)实施空中战争。三、对敌人战舰和商船的空袭应为上述任务让路。如果临时出现了极为有利的目标,或者足可扩大上述第二条规定的空袭的效果,或者是实施这种空袭对训练以后参战的机组有必要则另当别论。四、空军应能随时派出足够强大的兵力支援海上作战,攻击临时出现的有利目标。五、关于实施恐怖袭击作为报复一事,将由我决定。六、从8月5日起可以开始使空中战争升级……"

根据希特勒的指令,德国空军立即着手进行了准备。德国空军参加空袭英国的空军部队共有3个航空队:由陆军元帅阿尔贝特·凯塞林指挥的第2航空队;由陆军元帅胡戈·施佩勒指挥的第3航空队;由汉斯·于尔根·施通普夫上将指挥的第5航空队。第2、第3航空队驻在法国和比利时,共有轰炸机1232架,俯冲轰炸机406架,远程侦察机65架,歼击机1095架。驻挪威的第5航空队有轰炸机138架,远程侦察机48架,驱逐机37架。3个航空队飞机总数为3000多架,一开始就用于战斗的飞机为2350多架,还有意大利的几个中队作为预备分队。

英、德空军空中作战

不列颠之战从1940年7月10日开始,直到1941年5月。当德国进攻苏联的一切准备就绪之后,才停止了对英国的轰炸,将空军部队调至东线,"不列颠之战"就此结束。但德国空袭英国的时间却远远不止于此。它大致可以分为两个时期,第一时期为轰炸机空袭时期,即"不列颠之战";第二时期为火箭空袭时期。

在"不列颠之战"中,大体可分为3个作战阶段:

战前的试探性轰炸,时间为1940年7月10日至1940年8月12日。在这阶段中,德国空军先以5%～10%的轰炸机进行试探性轰炸,其目的是通过轰炸诱使英国战斗机暴露其实力和驻地,借以进一步准确地查明英国空军的兵力与部署情况;进行试航和夜航训练;扰乱英国的作战准备,消耗与疲惫英国空军的战斗力。攻击的主要目标是英国空军基地、城市和舰船。活动特点是基本上采取夜间行动,每夜出动60～70架,有时达数百架轰炸机,对英国进行广泛地轰炸活动。经过此阶段的试探性轰炸,德国空军几乎攻击了英国所有的重要空军基地,对许多大城市进行了骚扰性轰炸,并炸沉各种船只达4万余吨。由此德国认为,其空军无论在数量上或质量上均占优势。因离目标很近,可以增大飞机载弹量,并可实施突然袭击,可以在宽正面活动。轰炸机的作战半径可以到达英国所有地区。在此阶段,按照希特勒密令的要求,德国空军从8月8日起开始对英国的空中战争升级,对英军护航舰队和港口进行了大规模突击。

丘吉尔在与兰姆塞海军上将一起察看作战地图

主要战斗有:8月8日,德国空军对英军护航舰队进行了多波次突击,

每次超过100架。8月11日，突击波特兰—韦茅斯。8月12日，德空军出动200架飞机分11波次突击了多佛尔，另有150架飞机袭击了朴次茅斯和怀特岛。第2天仍重点攻击朴次茅斯，英国的一座雷达站被毁，4座雷达站受损。这一阶段虽然德国空军摸索到了对英作战的一些有利条件，但也暴露了自己的企图，使英国提高了警惕，丧失了进攻的突然性。况且在此阶段，德国轰炸机亦受到较大损失，从7月10日至8月12日，德国空军损失飞机286架，英国空军损失歼击机150多架，有许多飞行员被俘。英国通过这一阶段作战，已作好了充分的准备。

英国在当时还有一个得天独厚的条件，即在雷达的研制和使用上，已处于领先地位。利用无线电测向和测距技术，发现了德国空军利用在昼间和夜间引导轰炸机飞向目标的两条波束，并很快找到了使波束偏离的方法。英国在本土建立了51座雷达站，其中东南沿海地区即在德空军进攻的重要方向上有38座雷达站。还有7个师的高射炮部队，共有高炮2091门。第一阶段：德国空军集中力量全面轰炸英国，时间为1940年8月13日至9月6日。在这个阶段的20多天时间里，德国空军对英国进行了多次大规模的轰炸，实施了"集中全力摧毁空军"的作战计划。德国空军司令戈林元帅下令："一切行动只能是针对敌方空军，对其他目标的袭击暂时放弃。"不分昼夜，"都应把敌人空军作为目标"。8月13日，德国空军第2航空队和第3航空队共出动轰炸机485架次，歼击机约1000架次，突击了英国的9个机场，在5个机场取得较大战果。据他们当时估计，这些基地实际上将不能再使用。德国空军损失飞机34架，而英国损失13架喷火式战斗机。由于情报不准，德国空军没有攻击到英国的歼击机机场。8月15日下午，德国空军的第2、第3、第5航空队倾巢而出，其中第7、第3航空队出动水平、俯冲轰炸机801架次，出动战斗机、驱逐机1149架次，驻挪威的第5航空队出动169架次，共出动2119架次飞机，对英国的纽卡斯尔到韦茅斯之间的英军机场进行了突击。德军承认在此次作战中损失飞机55架，英军承认损失飞机34架。8月16日，德国空军又出动飞机1720架次，空袭了英国的肯特、苏塞克斯、汉普郡、泰晤士河入海口和哈里奇与怀特之间的南部海岸，袭击了英国的8个机场。据英方统计，这一阶段，英国共有12个空军基地

被炸毁或不能使用，6个雷达站暂时失去工作能力，1个指挥中心完全被炸垮，7个飞机制造厂受到不同程度的破坏，1个弹药库、10座储油池和24幢房屋被炸毁。

此间，德国空军采用的主要战术是：①集中优势兵力重点攻击英国的南半部。德军以第2航空队轰炸英国的东南部地区，以第3航空队轰炸南部地区，以第5航空队轰炸东北部地区，其中有2/3的兵力是轰炸英国的南半部。这里是英国的政治经济中心和英空军主力配置地区，是英国防空的主要方向。②采用了大机群出航、小编队进入目标、分波次连续攻击的作战方法。通常以200~300架飞机组成一个大机群，每个机群再组织5~6个突击波。机群在进入战区之前，分成若干个小编队分别突击目标，使英国的防空力量不能实施集中抗击。③以战斗机严密掩护轰炸机。每次使用50~300架战斗机组成独立机群，寻找英国战斗机进行空战，力求消灭英国空军在空中的战斗机。结果，德国在这一阶段的作战并没有达到上述目的。主要原因是：选择目标太多，活动地区太广，从而分散了兵力；多次轰炸次要目标和已经不存在的目标，白白浪费了兵力；由于英国空军的顽强抗击，迫使德机改变轰炸目标和慌乱投弹，结果命中率很低；使用歼击机过多，指挥失当，在与英空军战斗机空战过程中，自己损失太大，而且影响了对轰炸机的掩护；浪费兵力，甚至用歼击机去攻击防空气球，结果由于氢气球的爆炸而遭受很多不必要的损失。

德国空军对机场的突击也收效不大，没有达到消灭英国空军、使英国歼击机部队失去战斗能力的目的。因此，经过总结前一阶段的作战情况后，改变了作战方针，将全面进攻改为重点进攻，集中全部力量专门攻击英国歼击机部队的主力——第11航空队基地。8月24日，德国空军又出动1200架次飞机，空袭英国的拉姆斯盖特、朴次茅斯和南部的空军基地，但由于夜间攻击，有几架德机没有找到预定目标而改为袭击伦敦。对此，英国立即作出反应，于次日夜间派出81架轰炸机轰炸了柏林。3月26日，德国空军出动1088架次飞机，白天攻击了霍恩教堂机场、德伯旦机场和朴次茅斯机场。英空军出动829架次飞机抗击德军的空中进攻。德空军攻击霍恩教堂机场的飞机没有找到目标，攻击德伯恩和朴次茅斯机场的轰炸机编队受到

英空军歼击机的顽强抗击。德空军轰炸机于慌乱中盲目投弹，没有给机场造成大的损失。夜间，德空军又袭击了伯明翰、朴次茅斯机场和其他机场。从8月28日至8月31日，在4天时间里，德空军始终每次保持千余架次飞机，昼夜不停地轰炸英军第11航空集群所属的机场、雷达站等空军设施以及英国城市。从8月24日至9月6日期间，德国空军共出动1.3724万架次飞机，平均每天出动1000多架次。英军共出动歼击机1.0673万架次，平均每天出动800架次。英国在遭受12天的轰炸后，当局感到形势对他们大为不利。丘吉尔首相焦急地说："在8月24日到9月6日战斗中，形势不利于英国战斗机部队。德国人不断地用强大兵力袭击英国南部和东部的机场……这尤其使第11大队司令部的人们感到忧虑。这个大队的5个前进机场遭到广泛的破坏，如果敌人支持下去，战斗机指挥部的全部复杂的组织就可能垮台。"

　　这一阶段，英国共损失飞机277架，它的后备飞机储备已经不足200架，飞行员因连续作战也感到筋疲力尽，损失的飞行员也来不及补充。德国空军此间共损失飞机378架。

　　第二阶段，德空军集中兵力长期轰炸伦敦。时间为1940年9月7日至10月底，正当英国感到吃紧之际，希特勒突然决定改变轰炸目标，即由原来计划的直接消灭英国空军转而集中力量轰炸伦敦。尽管当时德国空军的许多人反对希特勒改变这一战略，但作为德国空军元帅、希特勒的忠实信徒戈林却坚决执行希特勒的命令。

　　从9月7日开始，德国空军集中全部兵力轰炸伦敦及附近几个大城市。9月7日，德国空军第2航空队出动1000架飞机向伦敦进袭，其中有300架轰炸机和648架歼击机。由于英国空军错误地估计了德国攻击的目标，将已起飞的4个歼击机中队集结在泰晤士河以北。因此，使德空军飞往伦敦的空中之路畅通无阻，300架轰炸机有247架突入伦敦市区上空，投下335吨炸弹，440吨燃烧弹。使伦敦的300多平民被炸死，1300多人受重伤。9月9日下午，德空军第2航空队对伦敦进行了第二次大规模昼间轰炸。英国第11航空队、第12航空队和第10航空队的歼击机紧密配合，成功地拦截了德空军的轰炸机编队，使多数德机进入伦敦市区之前即被击落。半数左右

的德空军轰炸机虽然突破空中防线，进入到伦敦市区上空，但是来不及瞄准目标即盲目投弹，使伦敦损失不大。在整个不列颠之战期间，英国损失飞机达900多架，而德国人自己承认："十来个月，空袭英国本土的44个轰炸航空团只剩下4个团。"这不包括歼击机损失的数字。英国除损失飞机外，炼钢、造船、交通、电力、油库等都遭到不同程度的破坏，特别是由于德国空军于1940年11月14日以后多次对英国的航空工业中心考文垂进行大规模轰炸，使考文垂全城被毁，12家飞机零件工厂遭到严重破坏，飞机的产量减少20%，直到1941年12月，才恢复到1940年8月的水平。英国因遭空袭而伤亡的人数达14.7万人，占英国对德作战总伤亡人数的20%。

救援落水的飞行员

英国虽然受到了一些损失，但因英国的坚决低抗，使德国空军在第二次世界大战中第一次遭到失败，德军陷入两线作战的困境，在战略上已埋下了最后失败的种子。

空降兵部队

空降兵部队是空降兵和其他担负空降作战任务的部队的统称，主要是用于敌后作战。它诞生于20世纪30年代。早在第一次世界大战时期，战场上就出现了空降活动。例如，1916年10月14日，德军在俄军战线后方80千米处的罗夫诺地区空降2人，破坏铁路，活动了一昼夜，而后由飞机接回。法军也向德军后方空降2人，对德军一个司令部进行侦察袭扰。

1918年10月20日，英军用5架飞机在德军后方空降一组人员，破坏德军的水上运输，造成德军水上运输堵塞。当时著名的美国远征军的航空军官米切尔上校，曾大胆地提出用轰炸机将1.2万人空运到德军后方的设想，但因当时的空中运输工具、通信保障及后勤补给能力所限，无法付诸实施。1922年，美国公布了这个设想。设想对空降部队的编制、训练和空降作战的实施方法等，做了比较详尽的阐述。第一次世界大战结束后，航空运输得到飞速发展，运输机的研制和生产有

德国空降兵

了长足的进步，这就为建立空降部队提供了良好的运输基础。于是，欧洲的一些国家便开始组建专门用于空降作战的兵种——空降兵，到第二次世界大战时，苏联、德国、英国、美国、法国、意大利、日本及中国等，都已有了规模不等的空降兵部队。由于该兵种处于发展的初期阶段，在体制编制上尚不完善：①编制装备基本上和步兵相似，地面的战斗行动也与步兵相似，有的就是充当步兵使用，是快速轻装步兵。②在体制上要接受空军的作战指挥，而在隶属关系上有的隶属陆军，有的隶属空军，还有的隶属海军。比如，美、英的空降兵隶属陆军，苏联的空降兵隶属空军，德国的空降兵划分为两类：伞降部队归空军建制，机降部队为陆军建制；日本则分别隶属于陆军和海军。在建制上，多数国家的空降兵都是采取军、师、团、营、连的陆军式建制，军是战役战术兵团，师是战术兵团，团是战术部队，营是战术分队。在空降兵的兵团和部队内还编有步兵、炮兵、工兵、通信兵等各部、分队，其编成体现了合成性。武器装备也以轻武器为主，以便于空投和机降。

德国二战空军

第二次世界大战期间，各主要参战国都以全部国力投入到了这场人类历史上规模最大的战争中，使陆、海、空军密切协同作战并得以全面发展，也把初登战争舞台的空降部队的建设和空降作战推进到了一个飞速发展的时期。从1940年4月9日德国闪击丹麦、挪威，揭开世界战争史上大规模的空降作战序幕开始，到1945年6月23日，美军在吕宋岛北部港口阿帕里进行了第二次世界大战中最后一次空降作战为止，在各次重大战役中，空降作战曾被广泛采用。有空降兵部队的参战国共进行了几百次规模大小

不等的空降作战。空降部队的作战方式主要是机降和伞降，作战性质分别为战略空降、战役空降、战术空降以及执行特殊任务的特种空降。其遂行的主要战斗任务是：同正面攻击部队相配合，以从敌人背后攻击的方法，支援地面部队包围敌方部队，突破敌防御阵地，协同地面部队从敌后突破敌之海岸、河岸的滩头设置的防御阵地；破坏敌航空部队的物资器材和支援机降部队的活动，占领敌机场及其孤立基地、筑垒阵地等；切断和破坏敌之交通和通信联络，占领登陆的滩头阵地，支援陆军作战等。突然性、快速性、进攻性和纵深作战，是空降作战的特点。通过第二次世界大战，各国都取得了许多经验教训，在空降作战的理论、武器装备、体制编制、组织指挥，以及作战使用等方面，都有了重大发展，为而后空降兵部队的建设开辟了广阔的前景。

苏联空降兵

苏联是世界上组建空降兵比较早的国家之一，而且发展迅速。在第二次世界大战中，苏联空降部队进行了50次以上的空降作战。这些空降作战，虽然成功的战例不多，但对战争的进程产生了一定的影响，为卫国战争和反法西斯战争的胜利作出了贡献。

苏联空降兵的建立与发展

苏联把1930年8月2日，作为空降兵的诞生日。1930年夏，苏军从航空兵第11旅抽调30名飞行员进行跳伞训练。8月2日，举行了一次10人跳伞表演。从2架飞机上，先伞降6人，接着空投了枪支和弹药，随后又伞降4人。人员着陆后，收集空投武器，表演了攻防战斗动作。苏联后来把这一天定为空降兵节。

1931年3月，苏军于列宁格勒军区建立了实验空降支队，编制为164人。这支空降支队主要作为机降兵使用，是第一支合成化的空降队伍。在编制上，由1个步兵连，1个工兵连，1个通信排，1个轻型装甲汽车排组成。由于是作为机降部队使用，所以在武器装备上不仅有轻武器，还装有

76 毫米的火炮 2 门、T—27 型轻型坦克 2 辆和装甲车 3 辆、汽车 16 辆、摩托车 4 辆，以及轻、重机枪、自行车等。为保障训练和试验，还配属了一个重型轰炸机大队和 1 个航空兵支队。1931 年 6 月，又组建了一支由 46 人组成的伞降支队。1932 年初，两个支队合并组成第 3 航空摩托化空降支队，正式列编。1932 年 12 月 11 日，苏联革命军事委员会作出决定，将列宁格勒军区空降支队扩编为空降兵旅，称第 3 特种旅，编有伞兵营、摩托机械化营、炮兵营和特别航空兵大队。以后，各军区也都组建了空降兵营。到 1933 年底，苏军共有空降兵营 29 个，人数达 8000 人；还有一所培训军官和专业技术人员的高级空降学校。1934 年，有 600 名伞兵参加了红军大演习。1935、1936 年，在基辅大演习和白俄罗斯大演习中，苏军空降了 3.3 万名伞兵，并机降了 8200 人和火炮、轻型坦克以及其他战斗技术装备，标志着苏联的空降部队已达到相当规模和具有一定作战能力。在演练大量空运兵力的同时，苏联研究了空降兵战斗使用理论。这一理论的各项原则都以条令的形式固定下来，如苏联 1940 年出版的《苏联红军野战条令》中指出："空降部队是为破坏敌人的指挥所及其后方设施而实施行动的手段，它能协同正面进攻的部队，并且给在该方向上彻底摧毁敌人以决定性的影响。"它对空降部队的任务作了明确规定。

在苏德战争爆发之前，即 1941 年 3～4 月，苏军开始将空降旅扩编为空降军。原有的 6 个空降兵旅，除第 202 旅之外，又在其他 5 个旅的基础之上，扩编为 5 个空降军。扩编工作直到 1942 年上半年才完成。各空降军编制人员均在 1 万人以上。空降军辖独立坦克营〔编 3 个连、T—37 型坦克 50 辆大独立无线电排（远距离通信久飞行引导班和前进器材保障排）配摩托车 15 辆〕。后来，独立坦克营坦克的数量由 50 辆减为 32 辆，空降旅的定员和编制也发生了一些变化，取消了滑翔机团和机降团，伞兵营人数减到 458 人，突击连装备了肩射式火焰喷射器 24 个。同时，加强了炮兵力量，每个旅装备 76 毫米火炮 6 门、45 毫米火炮 12 门、82 毫米火炮 6 门，摩托侦察连已全部实现摩托化。但各旅都没有装备飞机。

1941 年 6 月 22 日，苏德战争爆发后，苏军又重新制定了旅的编制。伞兵营编制人数明显增多，定为 678 人，以营为基本的战术单位，在敌后进行

独立战术活动。

1941年秋季,根据作战需要,空降兵部队编为空降兵司令部,整个空降兵归空军领导。1943年初,空降军进行了重大改编。由3旅制的军改编为师,共编成10个师,以及部分训练和后备部队,不久,这10个师又作为步兵师编入合成集团军开赴前线作战。1943年5月,苏军又新组建了20个空降旅,其中有18个旅编成6个空降师,余下2个成为独立空降旅。1944年10月,所有的空降部队组成空降兵独立集团军。12月,空降兵独立集团军改编为第9近卫合成军,开赴前线作战。为了指挥剩余的空降部队,苏联再次成立空降兵司令部,接受红军空军司令的领导,直至第二次世界大战结束。在苏联卫国战争中,苏军空降兵最多时达20万人。

航空运输部队同空降兵的使用与发展有着极为密切的关系。第二次世界大战期间,苏联航空运输部队的发展与空降兵的迅速发展不相适应。在体制编制上,航空运输部队未能同空降部队形成有机结合的整体,因此影响了空降兵的使用和作战效能的发挥。1931年6月,苏联开始以自己研制的第1代TB—1型轰炸机和P—5型客机为基础进行航空运输。但在以后的很长时间,苏联没有建立起独立的军事航空运输部队,而是将运输机和轰炸机混编在一起,因而阻碍了航空运输部队的发展。它主要以重型轰炸机兼负航空运输任务。在航空兵重轰炸机军内,编有一个运输特种部队。直至1941年9月,苏联在组建空降旅的同时,才扩建了10个独立运输中队、5个独立飞行队和空降部队的飞行实验中心。1942年8月,改编成为2个独立滑翔机团、2个运输飞行团。

二战轰炸机

空降兵的作战使用

苏德战争爆发之前，苏联的空降兵已参加过多次实战活动。1939年5月11日爆发的哈拉哈河战斗中，苏军空降部队中的第212空降旅参加了作战，并取得了实战经验。1939~1940年的苏芬战争中，列宁格勒、白俄罗斯和基辅守区的各空降旅同其他军兵种部队一起作为滑雪部队和机械化突击队进行了作战，空降兵曾37次深入敌军后方侦察和消灭敌军防守的重要目标。1940年6月，第201、第204空降旅和第214空降旅，参加了解放贝萨拉比亚的空降作战。当时的任务，是占领罗马尼亚军队后退道路上的要地，并在己方军队到达之前，守住这些要地。这次空降作战活动是苏联在卫国战争爆发前最大的、也是比较成功的一次空降作战。

第二次世界大战中，苏军空降作战共有50次以上，其中主要是对德战争中的基辅、敖德萨、刻赤半岛和高加索等各次作战，在莫斯科附近的空降作战，以及对日战争中在满洲、朝鲜北部和库页岛等地进行的空降作战。

苏军在战争初期处于防御阶段的前6个月内，在战略上处于被动地位。为了应付地面战场的紧急变化情况，苏空降兵仅作为一般的突击部队进行战斗。苏军空降兵在第二次世界大战中首次参加空降作战，是在1941年7月26日至8月28日期间，对基辅地区未来得及撤走的军械库进行的一系列破坏行动和对其附近地区的桥梁、交通进行破坏，以阻止德军前进的行动。参加这次空降作战的，主要有第104旅和第202旅，共300余人，是在夜间秘密伞降的。由于对地形熟悉，完成任务较顺利。

夜间空降

8月22日夜，苏军使用1个连的空降兵力，破坏了亚尔采沃的桥梁。9月，苏军为配合濒海集团军的反突击登陆，于敖德萨伞降23人，在德军后

方进行了破坏活动。10月初，为阻止德军向莫斯科推进，苏空降兵第5军（空降第10旅、空降第201旅）约6000人，紧急空运至奥廖尔，在己方占领的机场内降落，并迅速展开，协同地面部队阻滞敌军前进，掩护主力组织新的防御。这是空降兵一种独特的运用方式，即空中快速机动，敌前作战。在战略防御阶段，苏军在战略上处于被动的情况下，其空降兵开展了积极的作战活动，在配合正面部队作战、阻滞敌人、与游击队结合、开展破袭战等方面起到积极作用。但从总体上来说，其规模较小。由于不适当地将空降兵做地面部队使用，也使骨干力量消耗较大。特别是在没有掌握制空权的条件下，进行夜间空降，给大规模空降的组织工作带来许多困难。

1941年12月初，苏军开始首先对莫斯科附近的德军进行局部反攻。从此，才真正把空降部队用于空降作战。这一阶段，空降作战共有10余次。如1941年12月5日，在莫斯科反攻作战中，斯塔鲁钦克空降部队415人，空降到特里亚埃、乌斯罗波夫地区，执行阻滞敌人后退、破坏敌人后方目标的任务，连续行动10昼夜，破坏桥梁29座，烧毁汽车80多辆，坦克2辆。当日夜，斯塔鲁钦克空降部队202人、第1空降营、第201空降旅348人，在麦德布依尼西北15千米地区，为占领机场，掩护空运与地面部队协同，连续行动16昼夜。1941年12月31日夜间，为了配合苏军在刻赤—费奥多西亚的登陆战役，由空降兵第2军1个营的450人空降，协同第49集团军歼灭费奥多西亚地区的德军。空降兵着陆后夺取了附近的敌炮兵阵地，在交通线上派出了破坏群，以袭击和伏击的方法破坏了德军的通信联络和指挥，从而保障了第44集团军的登陆作战活动。

首次大规模空降战役——维亚济马空降战役

1942年初，苏军在西部方向总进攻时，组织实施了维亚济马空降战役。这是苏军在第二次世界大战中首次进行的大规模空降战役。1942年1月初，苏军从北部和东南部方向对德军中央集团军群的基本兵力进行了纵深包围，但未能从行进间攻占德军在尤赫诺夫和维亚济马两地的强固抵抗枢纽部。为此，苏军确定以西方方面军和加里宁方面军合围并粉碎德军维亚济马—勒热夫—尤赫诺夫集团。为配合这次战役行动，苏军使用空降兵第4军在维

亚济马以南地区进行了两次大规模空降作战。这次战役的目的是：切断德军从维亚济马到斯摩棱斯克的主要交通线；阻止其预备队开进，切断敌后退的道路，协同西方方面军和加里宁方面军包围和歼灭德军部队的勒热夫—维亚济马集群。在战役准备阶段时间仓促，仅有3天时间。

战役开始时间定在1月22日。为空降空投这些部队和装备物资，需组成一个空运机群，共有民航的40架几C—84型旅客运输机和远程航空兵的25架TB—3型重型轰炸机。根据这些飞机的最大负载量，空降一个军最少要飞行10批次。考虑到战斗损失、飞机完好率和天气情况，需要12～15批次3～4天的时间才能完成。为了充分发挥有限的空运能力，司令部决定选择离前线和空降地域最近的机场，在9昼夜内将实施空降的部队集结在卡卢加航空枢纽的各机场、由于没有采取保密措施，德军很快地发现了苏军空降战役的准备活动。于是，德航空兵对苏运输航空兵机场及空降出发地域的部队进行了一系列的突袭，击毁击伤苏军12架运输机，摧毁了起降跑道，计划遭到破坏，使本来运力很小的运输机群的空运能力再度减弱，原计划实施空降作战的时间不得不延长，苏军空降战役计划遭到破坏。

苏联空军战役学把此次空降战役分为3个阶段：第一阶段从1月18日至1月22日，在热拉尼耶地区空降第201旅的2个营和机降25。步兵团空降地域在维亚济马西南40千米处，其任务为横切维亚济马—尤赫诺夫大道，割断德军主要供给线，协助正面部队围歼该地德军。1月18日3时半，运送第201旅两个营的第1批16架运输机起飞，于当日上午9时共空降452人，但未能占领机场，迫使第2批4架载有指挥组和机场勤务人员的飞机在空中被迫改变计划，在一个由苏游击队控制的机场降落。由于机场的积雪太厚，飞机不能重新起飞。第二天德军对机场发起攻击，摧毁全部飞机，并将苏空降兵赶出机场。20日夜，步兵第250团用3个昼夜在另一个机场机降，共机降1643人。空降部队在当地游击队的配合下，展开了袭扰活动，破坏了尤赫诺夫至维亚济马的公路和铁路运输，战斗了12个昼夜。

第二阶段从1月27日至2月1日，在奥泽列琴地区空降了第8空降旅的1个营，空降作战任务是切断维亚济马西面通路，配合从正面进攻的第33集团军合围维亚济马之敌。原计划使用空降兵第4军全部约1万人，发

起进攻时间为 1 月 21 日，但由于铁路桥梁被炸坏，空降兵不能按时进入集结地域，因此，作战时间由 1 月 21 日推迟到 1 月 27 日。这次空降作战，由于运输机部队和空降兵部队协同不好，指挥混乱，使原定计划的空降作战方案未能如期实施。运输机和担任掩护任务的歼击机未能达到原定计划的数量。原计划担任空中运输任务的民航机和轰炸机共 65 架，有 102 架歼击机掩护出发地域和空降地域的任务，但实到运输机 61 架，歼击机 19 架。几次空投都未能空投到预定的空降场。作为旅先遣队的第 8 旅第 2 营 638 人，被错投到离目标 20 千米的塔博雷地区，且散布面很大，部队集合不起来，空投的物资如弹药、食品、滑雪板等大部分都找不到，联络电台被损坏，失去了与上级、后续空降的主力部队的联系。第 2 批空降的伞兵部队又和第 1 批先遣部队一样，没有在预定空降场空降，散布面大，人员未能集合起来。在 6 个昼夜，第 8 旅共空降了 2500 人，但当时能集合起来的只有 746 人，空降的物资损失相当严重。28 日，德军开始对苏军的空降出发地域进行空袭，3 个机场有 2 个遭到严重破坏，运输机也只有 12 架能够使用，加上当时苏军正面进攻的部队受挫，空降作战计划不得不被迫停止实施，原定的第 4 军空降计划被取消，只有已空降的第 8 旅在敌后独立开展活动。战役的第三阶段从 2 月 18 日至 24 日。参战部队为空降兵第 4 军军部及所属的第 214 旅、第 9 旅和第 8 旅的 1 个营，其作战任务是与第 50 集团军会合，协助西方方面军歼灭尤赫诺夫地区的德军集团。

维亚济马空降作战是苏军进行的第一次大规模的空降作战。这次战役就整体上来说是失利的。苏联空军、空降兵对这次战斗失利的原因总结了教训，苏联空军战役学对此作了概括，主要是：①航空运输飞机严重不足，空投延续的时间长，失去了保密性和突然性，使德军容易掌握空降情况并对空降出发地域、空

空投坦克

降地域和空降部队进行袭击。②各项空降保障工作做得不好，如缺少通讯导航设备，机组人员不能实施准确导航，致使在大雾、大雪和夜间等复杂气象条件下不能准确找到目标，造成投错位置和不能完成空投任务。投下的人员和物资散布面积太大，使人员难于集中，找不到空投物资。③运输机基本上没有歼击机掩护，也没有空袭空投飞行航线上和空降地域的敌防空兵器，使运输机遭德机和德军地面炮火的攻击。④组织指挥及实施方法上缺乏经验，也是造成失利的重要原因。如，空降兵置于方面军的控制下，空降兵司令部负责空降战役组织计划工作，方面军因未参加计划的制定，不了解空降作战计划的全部细节，因此，在行动中无法帮助空降兵克服在保障中的问题。在指挥上，负责空降战役的空降兵司令部设在卡卢加，负责空中运输和空中支持的空军司令部设在莫斯科，指挥空降兵进行地面战斗的方面军指挥所又在另外的地方。这样，空降兵与空中运输部队与地面的正面部队协调困难，难免贻误战机。

在苏军局部反攻阶段，苏联空降兵还进行了支援勒热夫被围部队突围、抢占洛云河渡口、袭击德军占领的迈科普机场等战斗行动。

第聂伯河空降战役

在苏军的战略反攻阶段，苏联空降兵主要是进行了一次军一级规模的空降作战，苏军称为"第聂伯河空降战役"。这也是一次严重失利的空降作战。

1943年，苏军为解放乌克兰、顿巴斯、基辅，夺取第聂伯河右岸各战略登陆场，于8月至12月进行了第聂伯河会战。为配合这次战役，苏军进行了一次大规模的空降战役，参加空降战役的有一个由第1、第3、第5空降旅组成的空降军，其任务是夺取并坚守第聂伯河西岸的登陆场，阻止德军预备队从西部和西南部开进，配合沃罗涅日方面军强渡第聂伯河。这次战役计划是由沃罗涅日方面军司令部和空降兵司令部共同制定的，经Т·К·朱可夫元帅审核批准。空降行动计划在1943年9月23日夜间开始，在行动前两天部队和物资结集完毕。运输空降兵的运输机群由远程航空兵司令Н·С·斯克科普科组织指挥，共有几伊－2型飞机180架，负责运送伞

降人员，还有 10 架，月—4 型拖拽飞机和滑翔机运送火炮和重型技术兵器。按计划，空运飞机在一夜里飞 3 个批次，空投 2 个旅，第二天夜里再空投第 3 旅。计划还对航空兵掩护空降作战问题作了具体部署，准备由第 2 空军集团军和远程航空兵兵团实施。

由于铁路运输问题，延续了部队集结的时间，又由于气象原因，运输机推迟了到达机场的时间，由此不得不将原计划的战役行动时间推迟一昼夜。9 月 24 日，空降行动开始，因机场加油设备不足，影响了飞机的起飞时间，第一夜原计划出动 500 架次，但实际才出动 296 架次。空投的 4575 名伞兵和 6 袋弹药及给养，有 30% 的伞兵和 42 写的物资袋没有空运到战斗行动地域。空降兵遭到德军地面防空火力的射击，跳伞高度被迫由 600 米改为 1200 米，造成散布面积大、战斗力分散。9 月 25 日，2300 名空降人员组成的 35 个空降小组在相当大的地域内，互相孤立地战斗。

这次空降作战十分混乱，第 3 旅有 13 架飞机未找到空降场而返航，3 架飞机迷航，将伞兵错投在德军深远后方和第聂伯河中。降落后散布面积达 30×90 千米，并大部分落到德军阵地和战斗队形内，遭到德军猛烈射击，伤亡很大。指挥员找不到自己的部队，两个旅长没有掌握电台，无法进行联络。由于不了解空降地域情况，空降兵司令员命令暂时停止空运。27 日，向空运地域伞降了 2 个带电台的联络组。至 10 月 5 日以前，空降兵司令部与空降地域的空降部队一直没有沟通联络。空降人员在极端困难的条件下进行作战。到 9 月底，各战斗小组合并，成立了一个旅。直至 10 月 6 日，联络小组才找到了这个旅的旅部，同上级沟通了联系。10 月 27 日，该旅又收拢了一些分散人员，人数达 1200 人。这些部队一直对德军进行袭扰作战，配合第 52 集团军渡过第聂伯河，占领和扩大、巩固登陆场。11 月 28 日，空降兵将阵地交给进攻部队后

二战运输机

撤离战场，在敌后共活动 50 余天。这次战斗失利的原因，除了组织工作中暴露出的问题、后勤保障工作的问题、运输问题和正面部队配合等问题之外，苏联空军战役学总结的教训还包括："在空中侦察的组织实施过程中也犯了极严重的错误。在战役的前两三天，从空中对广大地区实施了照相侦察，研究第聂伯河和杰斯纳河沿岸的情况，查明空降地域敌防御配系。但是，战役前夜，希特勒统率部在一昼夜的时间，就在佩卡里河湾集结了近 5 个师的兵力。空中侦察没有及时查明空降地域局势的这一重大变化。部分伞兵在敌部队驻地着陆，遭受到巨大损失。与空降到敌后的部队和分队的联系得不到保障。只得停止以后的空降活动。"

德国空降兵

德国从"闪击战"的总体作战理论出发，十分重视机动作战部队的建设和使用。第二次世界大战中，德军广泛地实施了空降突击，并为其达成战略、战役目的发挥了重要作用。

德国空降兵的建立和发展

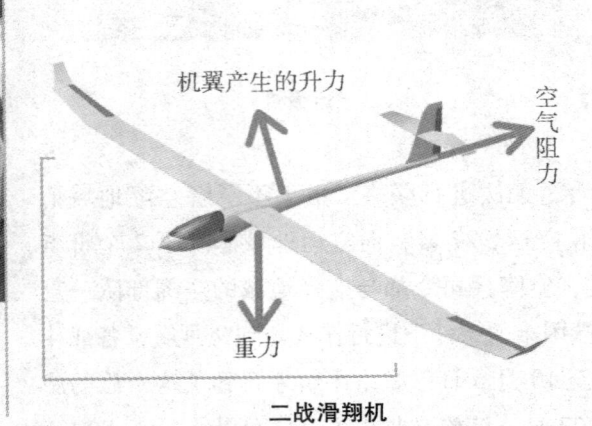

德国从 1935 年开始，秘密组建了少量的空降兵部队，1936 年成立了空降团。到 1938 年，德国为了适应发动战争的需要，空降兵扩大了一倍。1939 年，已经发展到 1 个伞降师和 1 个机降师。德国在闪击波兰以后，利用这两个空降师，相继成功地对挪威、丹麦、荷兰、比利时等国实施了空降突击，从而开始了大规模的空降作战。1941 年，德军组建了以伞兵部队为主体的航空兵第 11 军，在军的编成内有第 7 伞兵师、突

击滑翔机团、伞降高炮营、伞降工兵营、伞降卫生队以及战斗航空兵群和运输航空兵联队。机降第22师归第11航空兵军指挥。

德军从"闪击战"的作战理论出发,很注意部队的快速机动作战,认为运输机是战时实施快速机动不可缺少的装备。因此,德国在大战前和大战爆发以后,都大力发展运输机,从而成为当时拥有运输机最多的国家。为了保证空降兵的作战行动,德国早在1937年就组建了航空运输部队。到1938年9月,德国有运输机300余架。1939年在入侵波兰之前,运输机已达500多架,其中有近半数编在空降兵部队,其余分散在各个航空兵军中。第二次世界大战中,德国共生产运输机3312架,还生产了相当数量的滑翔机,组建了滑翔机部队。1940年3月,成立了运输航空兵司令部,同时扩编了运输机部队。德国在第二次世界大战中,随着战局的发展,不断补充运输机,扩编运输机部队。

空降兵的作战使用

德军把空降部队作为实施"闪击战"的重要工具。1940~1941年,德国在入侵丹麦、挪威、荷兰、比利时、希腊的过程中,使用空降兵先后发动了4次大规模的战略性进攻战役和登陆战役。其显著特点是集中使用空降兵,以突然袭击的方式配合地面部队作战,达成战略目的。比如,1940年5月10日,德军在入侵丹麦和挪威的作战中,一次使用了4个空降团,占整个地面作战部队总数的18.4%。在入侵荷兰、比利时的作战中,德军使用了空降兵第7师和机降步兵第22师,运输机达500架,滑翔机40架,共1.6万人,达到占整个地面部队总数的20%。1941年5月,德军发动的克里特岛空降战役,使用约2个师和1个突击团的空降兵力,2.2万余人,运输机500多架,滑翔机100架。这是第二次世界大战中唯一的一次以空降部队为主进行的进攻战役(代号为"水星"计划)。在这次历时12天的战役中,德军虽然占领了克里特岛,却付出重大代价。其空降部队伤亡了6500余人,损失运输机200余架。由于空降部队人员和运输机的严重损耗使德军空降兵的元气大伤,一时难以补充,所以从此一蹶不振。在将近两年的时间里没有进行较大规模的空降作战,直到1943年下半年,才又开始了一些

活动。

1943年7月，德军为增援意大利军队防守的咽喉要道——卜利马索尔大桥，进行了一次同英军空降兵的遭遇战。7月14日，德军使用100架容克—52型运输机，伞降5个营、机降2个营的兵力。正当德军空降部队着陆以后集合时，英军的空降兵第1旅已夺取卜利马索尔大桥，后又被德、意军队南北夹击夺回大桥。直到英军的装甲部队进至大桥以后，德、意军队才败退下来。这场双方为争夺大桥的战斗是必然要发生的，但双方空降兵发生的遭遇战有些巧合。

1943年秋季，德军为了营救意大利头目——墨索里尼所进行的空降作战，是一次典型的特种空降作战。德国的盟国意大利在北非、地中海、西西里岛屡战屡败，意大利人民的反战情绪日益高涨，加剧了意大利法西斯政权的危机。1943年7月25日，意大利陆军总参谋长罗西奥将军经过一系列的精心策划，突然解除了墨索里尼的一切职务。意大利新政府为了防止墨索里尼被劫持，经过几次转移，最后把其监禁在意大利中部蒙特柯诺山上的"坎普将军"旅馆里，准备将其引渡给盟军。

希特勒为使墨索里尼重新上台，维持德、意协约国的关系，决定采取紧急措施营救墨索里尼。1943年夏，德军组成了一支专门进行营救活动的空降突击队。由斯科增努中尉为突击队队长。他首先对监禁墨索里尼的"坎普将军"旅馆周围的地形进行了多次侦察。这所旅馆位于意大利中部亚平宁山脉的最高峰蒙特柯诺山南坡的一个陡峭悬崖顶部，海拔1800米，距

墨索里尼

罗马160千米，旅馆只有一条缆车路与100多米深的山谷相连结，其他无路可走，有250名意军守卫着这唯一的通路。斯科增努还从照片上判断出旅馆旁边有一块很小、但可以降落滑翔机的三角地，他考虑了数种方案，最后决定利用滑翔机营救墨索里尼。

8月11日，营救方案最后确定：由90人组成的空降突击队，乘12架滑翔机，计划用4架滑翔机在山上降落，其余降落在山谷，攻占缆车站台，阻止意军向山上增援。然后，用1架轻型飞机在悬崖顶部降落，将墨索里尼接走。为了减少滑翔机的滑行速度，在尾部安装了减速伞。9月12日12时30分，在飞机起飞前，机场遭到美、英空军的轰炸。下午1时，突击队乘坐的滑翔机起飞，有2架飞机撞在跑道的弹坑上被毁，其余10架进入目标上空，有4架滑翔机在旅馆周围的三角地着陆，5架按计划降落在缆车站台附近，1架撞毁在丛林中。斯科增努乘坐的滑翔机降落在离旅馆仅18米处，突击队立即冲向旅馆，仅用3分钟时间就击败了守卫分队，救出了墨索里尼。原预定用于接走墨索里尼的"汉莎"轻型飞机因降落时起落架受损而不能重新起飞，斯科增努即临时调用在空中观察情况的盖拉赫上尉驾驶的"费塞勒怪鸟"式飞机。这种只能乘坐1人的飞机，载上斯科增努和墨索里尼超载强行起飞，成功地将墨索里尼接走。这次偷袭营救的大胆行动之所以能够成功，主要是由于侦察情报准确、行动隐蔽突然、着陆后动作迅速果断所至。

德军在第二次世界大战中最后一次空降作战，是德军在阿登反击作战中进行的。1944年末，战争已经接近德国本土。希特勒为了挽回败局，集中B集团军的25个师约25万人，在美军防御的薄弱地区阿登实施了一次大规模反击作战。空降部队的作战任务是：在德军发动反击

营救墨索里尼

作战的第一天夜里,在马尔梅迪以北地区空降,切断通往北方的道路,阻止盟军增援部队向南机动,同时在敌后制造混乱,掩护党卫军第6装甲集团军北翼战线。1944年12月17日零时30分,运载伞兵第1编队的10架飞机起飞,于3时到达预定地区上空进行伞降。由于这是德国空降兵第一次实施夜间空降作战,飞行员和伞兵缺乏夜间空降经验,所以制定方案时战役指挥员设想了许多搞好飞机编队、导航及空降集结的办法。如:用探照灯和高炮发射戈光弹的办法为飞机导航;飞机在离空降地域50千米时开航行灯,以便于保持队形,在伞降时投照明弹等。但在实施中,当德军第1编队的飞机通过后,沿线的探照灯却关闭了,高炮也停止了发射戈光弹,结果使后续运输机失去引导而偏离了航线。飞过战线后,又遭到盟军高射炮火的射击,被击落10架,其余飞机队形散乱。伞兵未到达预定地区,有的离目标50千米,直到上午8时,才集合了150人。到夜间这支由1200人组成的空降"奋战队",总共才集合300人。由于力量薄弱,形不成战斗力,经过同美军的几次作战,德军空降兵的粮弹也将用尽。12月20日,"奋战队"队长海特上校命令伞兵分散转移,退回到德军防线内,由于转移中迷失方向,被美军歼灭,队长海特向美军投降。德军的这次空降作战也和德军发动的阿登反击作战一样,以彻底的失败而告终。

英国和美国的空降兵

英国、美国的空降部队成立的都比较晚,第二次世界大战中,其空降兵才得到迅速发展。美、英空降部队多次联合行动,配合了许多大的战役行动,成为完成特定作战任务的重要手段。

英国空降部队的建立与发展

第二次世界大战以前,英军没有空降兵部队。1940年4月9日,德军以空降兵突击丹麦,挪威的成功,使英国受到很大的震动。两个月以后,英军着手研究组建空降兵问题。他们首先在曼彻斯特成立了空降训练试验中心,即"中央空降学校"。

英军在第二次世界大战时期空降兵的编制和装备基本上和陆军步兵师相同，隶属于陆军。

英国的空中运输力量发展较早，早在第一次世界大战结束后即组建了航空运输部队，用以担负殖民地邮政事业和紧急运送部队之用，但到后来发展得却十分缓慢。到第二次世界大战时由于运输航空力量不足，军事航空运输任务主要由民航飞机担任。1941年，有人提出滑翔机更有利于空降作战的建议，经丘吉尔同意，在短时间内生产了数千架滑翔机。

美国空降部队的建立与发展

美军空降兵成立的时间比较晚，也是在第二次世界大战中德军使用空降突击之后才引起美国对空降作战的重视。1940年6月，美陆军第29步兵团抽调人员，在佐治亚州的本宁堡，建立了第一个试验性空降分队。

美军空降兵同航空兵一样，隶属于陆军建制。1942年3月，陆军总部里设立了空降兵司令部。第82空降师和第101空降师于1943年底和1944年初调往英国，第17空降师也于1944年8月调往英国。同时，在欧洲战场组建了第18空降兵军司令部，负责指挥第82和第101空降师。1945年2月，第13空降师被调往欧洲作战。美军的空降师编制是：师辖2个伞降步兵团、1个滑翔机机降团及其他战斗保障分队，全师共约1万人。美军的空中运输力量发展较早而且实力雄厚，因此不但能够适应美军的空降作战需要，而且还在战争中帮助英军进行大规模的军事空运。在第二次世界大战中，英、美空降兵所以能多次进行大规模的联合空降作战，其中原因之一就是有强大的空中运输队伍，这一点同苏联形成鲜明的对比。美军的第一支空中运

北非登陆战役

输部队成立于1932年。

在第二次世界大战中，英、美空降部队的单独空降作战规模都不大，多数重大战役都是美、英空降兵的联合作战行动。

北非登陆战役中的空降作战

1942年11月，美、英盟军在北非发动了一次大的进攻战役，代号为"火炬行动"。在这次战役中，美、英联合编成空降部队，连续进行6次空降作战。这6次空降作战中，其中有5次是夺取机场的空降作战，一次是袭击埃尔杰麦桥的空降作战。这几次空降作战，均属于营级规模的战术空降作战，其承担作战的部队都是由美军第503伞降团第2营和英空降兵第1师第1旅。

西西里岛空降作战

在西西里岛战役中，担负作战任务的空降部队为英空降兵第1师和美空降兵第82师各一部，由1500架运输机运送，计划空降时间在夜间进行。这次空降作战的目的是攻占西西里岛意大利军队的海岸防御工事，夺取登陆场，保证登陆部队登陆。1943年7月9日20时45分，载运美军第82空降师第1空降梯队的226架C—47型运输机先后起飞，载伞兵3405人。飞机采用9机编队，由于飞行员缺乏夜航经验，又不能互相用无线电联络，致使队形散乱，找不到空降场，在徘徊过程中有8架飞机被德军地面高射武器击落，10架被击伤，3架迷航后返回机场。伞降的人员散布面很广，最远的偏离目标达100千米，只有1个连在预定的空降场着陆，伞兵伤亡很大。第2梯队约2000人，分乘144架C—47型运输机，先头两个分队在预定地域顺利着陆，后续飞机编队在到达西西里岛时，遭到己方地面部队和海军舰艇的误射，被击落飞机23架，击伤37架，有6架遭射击后迷航返回机场，剩下的70架队形散乱，将伞兵投到机场以东的广大地区，伞兵着陆后又遭到己方登陆部队的误射。这支伞降部队之所以从空中到地面都遭到己方部队的误射，其惨痛的教训为陆、海、空之间不但没有协同，而且美、英地面部队和海上部队对这次大规模的空降作战，竟没有得到有关方面的通报。

英军空降部队也遭到了同美军空降部队同样的厄运。英空降兵第1师的第1梯队2578人，分乘137架滑翔机，于7月9日18时40分起飞。由于滑翔机脱钩早，有69架未能滑翔到岛上而坠海，600余人被淹死。70余架进入岛上的滑翔机，有49架落到英国要夺取的大桥10千米以外。10日晨，英空降兵集结80多人，夺取意军坚守的大桥。中午，意军在坦克掩护下进行反击，16时夺回大桥。直到英军登陆的先头部队进攻大桥后，英军才又重新控制了大桥。

英空降兵第2梯队共2077人，用于夺取前进道路上的卜利马索尔大桥。使用H6架运输机及19架滑翔机，于7月13日19时20分起飞。也是由于时间急促，未能将空降作战的情况通报给己方的海军部队。当运输机飞到己方舰艇的上空时，遭到炮火的袭击，当即被击落14架，击伤35架，有25架被打得晕头转向，迷航后返回。还有4架滑翔机被击毁，1架坠海。由于队形被打乱，伞兵着陆后极为分散，到14日1时才集合起200多人。4时，向大桥发起了攻击，同德国空降兵发生了一场遭遇作战。

美、英军在西西里岛登陆战役中，空降作战的规模较大，但由于缺乏夜间空降作战的经验，作战严重失利。前后进行的4次空降作战均未全部完成预定任务，空降兵伤亡1500多人，为参加作战的空降兵总数9816人的15%。运输机被敌人和己方击落45架，击伤86架，失踪25架，滑翔机的架坠入海中，坠毁15架，失踪10架，其中70%是被己方的炮火误击的。

盟军在西西里岛登陆

此役被认为是一次既浪费了兵力又毫无收获的战役。战役后，人们对空降兵的作用及大规模的空降作战是否还有效的问题进行争论，甚至连

盟军司令艾森豪威尔给美陆军参谋长马歇尔的备忘录中也说:"我不相信空降师。"陆军地面部队司令麦克奈尔也建议马歇尔:"把空降作战限制在营级或更小一点的规模里,从编制上把空降师减去。"其实,这次空降作战失利的主要原因,是缺乏夜间作战的经验,以及在组织指挥和各军兵种协同上存在严重问题。

8月17日,英、美军队占领西西里岛。以后,便开始从该岛横渡墨西拿海峡,在亚平宁半岛南端登陆,美第5集团军在意大利的萨勒诺地区登陆。德军为了免遭被英、美盟军围歼,于9月11日集中4个师的兵力,向美第5集团军实施反突击,把美军压缩在登陆场狭小地域内。美军空降兵第82师临时领受增援登陆的任务,在8小时内做好了一切战斗准备。此次作战接受了西西里岛作战的教训,美第5集团军司令克拉克将军特意指示用T字火光为空降指示信号。这次空降分3批进行。11日夜,第1梯队504团1个加强工兵连,顺利在空降地域空降,于拂晓前攻占了阿利诺维山。12日夜,第2梯队505团1个加强工兵连顺利伞降,集合后于拂晓前占领了登陆场附近的有利地形,保证后续部队上陆。14日夜,第3梯队509团2营在伞降时由于地面有浓烟,飞行员看不到T字火光标记而偏离目标,而将空降兵空降在远离目标的山区,未完成预定的破坏德军后方交通、阻滞德军机动的任务。虽然第三梯队的空降作战出现失误,但总的看整个空降作战是成功的,显示了空降兵快速机动的优越性能。

诺曼底登陆战役中的空降作战

1944年6月6日,为配合诺曼底登陆战役,美、英联军倾其所有的空降兵师,在登陆之前进行了一次大规模的空降作战。这是第二次世界大战中规模最大的一次空降作战。参加这次空降作战的有:美空降兵第82师、第101师和英空降兵第6师。担任空中运输任务的有美军第9运输机指挥部(辖3个联队拜口英军2个运输机大队)。使用英国南部的15个机场为出发机场,空降距离为200~250千米。各师均编为突击、后续、海运3个梯队。这次空降作战的总任务是:配合英、美联军的登陆作战。空降到登陆场两侧距海岸10~15千米的纵深地域,阻止敌预备队开进,从侧后攻击敌海岸

防御阵地，配合海上登陆部队夺取最初目标，而后向内地推进。空降地域是德军第 7 集团军第 84 军的防区。突击队在进行空降作战前，进行了一系列的准备工作。①进行空降引导准备。6 月 5 日 22 时，派出 26 架运输机运送 300 多人的空降引导组，于 6 日先于突击队在空降地域伞降，设置空降引导标志，以接应突击队空降。②以声东击西的战术和假象迷惑德军。如，在加来地区实施大规模轰炸；用军舰拖着空中拦阻汽球向加来方向运输，使敌方雷达萤光屏上出现大量假信号；向加来方向派出夜航轰炸机群投撒锡泊片，干扰敌方雷达；空降开始之前，用 24 架飞机在英吉利海峡上空实施电子干扰，投放假伞兵等，造成到处都有空降的假象。③进行直接的航空火力准备。在空降开始的 3 个小时前，美、英空军出动各型轰炸机 2775 架共 4500 架次，投弹 9269 吨，突击德军海岸防御工事、炮兵阵地、指挥部、军队集结地域和预定空降场等。

6 月 5 日 23 时，3 个空降师的突击梯队共 24 个伞兵营，1.7 万人，分乘 1052 架 C—47 型运输机从英国的 3 个机场起飞，飞向空降地域。从 6 月 6 日 1 时起开始空降，到 2 时 40 分结束。美空降兵第 82 师突击队由伞兵第 505、第 507、第 508 团及加强分队组成，共 6400 人，使

诺曼底登陆

用 C—47 运输机 369 架，滑翔机 52 架，由师长李奇微少将指挥，在圣曼·伊格里斯地区和梅特勒河两岸空降。第 505 团第 1 营因飞机偏离目标，未完成预定任务。第 2 营着陆后，其人员只集合一半，无法单独完成预定任务。第 3 营着陆后集合约 3/4 的兵力，在第 2 营支持下，于 6 日拂晓前占领了圣曼·伊格里斯镇。由于引导先遣分队被德军消灭，空降场无标志，致使第 507、第 508 团多数伞兵落入沼泽地内，大部分装备被淹没，部分人员被淹死，两个团只集合了 500 人，也无法完成预定任务。后续梯队的滑翔机有的

因受德军炮火射击,有的因预定空降场被德军占领,没有全部着陆在预定地点。至6日晚,全师兵力集合约2000人,仅占领了圣曼·伊格里斯。

美空降兵第101师的突击队由第501、第502、第506团等组成,共约6500人,由师长泰勒少将指挥,使用C—47型运输机432架,分别在圣马丁·特伐拉维尔、圣玛利·杜蒙、圣高姆·杜蒙3个空降区着陆。第501团第1、第2营着陆在德军反空降地域,伤亡很大,未完成占领杜佛河上桥梁的任务。第3营原为师预备队,原计划着陆后为滑翔机机降设置标志,后来根据当时情况,泰勒命令第3营攻占海滩1号出口。该营在临时改变任务的情况下,击退了德军的攻击,占领了预定目标。第502团降落时散布面大,但第1营完成了占领瓦雷维尔德军炮兵阵地的任务,第2营在第1天人员集合起来而未能参加战斗,第3营于6日7时30分控制了第34号通道。第506团第1、第2营乘坐的81架运输机,只有10架将人员空投到预定地域,其余全部偏离目标,最远的达32千米。第2营错降到第502团地域,在电台损坏,与团失去联系的情况下,于下午夺取了2号通道。第506团第3营空降地区地势平坦,德军早已做好反空降准备,所以空降在预定地域内的人员,包括营长在内都被歼灭。所幸

部分滑翔机因"罗麦里木桩"受损

的是,大部分人员降落在预定地区之外,集合后,经过激战,占领了勒波特两侧的两座大桥。后续部队307人分两批,乘84架滑翔机于6日下午在预定地域着陆,并运送了补给品、反坦克炮和其他装备。着陆时,一些滑翔机碰到了德军为反机降而设置的"罗麦里木桩"上,部分滑翔机受损。到6日傍晚时,第101师共集合2500人,攻占了第1、第2、第3、第4号海滩通道,并于登陆的第7军先头部队会合,基本上完成了预定的任务。

英军空降兵第6师由第3、第5旅组成,约4300人,由师长盖尔少将指

挥，使用237架运输机。其任务是夺取奥恩河、克恩河上的两座桥梁和渡口，摧毁炮兵阵地，支援英军第1军登陆。突击队空降前，英军空降兵首先派出了由6架滑翔机运载的先遣分队，在奥恩河和克恩河桥梁附近降落并占领了大桥。半小时后，突击队主力开始降落。第3旅第9营虽错认地标，降落在距预定空降场较远的地方，但还是攻占了默维尔地区的炮兵阵地。第7、第8营破坏了杜佛河上的4座桥梁，切断了德军预备队开往海滩的通道。第5旅空降散布面大，仅集合60余的人员，夺取奥恩河和克恩河上的两座桥梁。后续梯队493人，用98架滑翔机运载人员和装备，途中遇到大风，有20余架滑翔机因拖绳折断未到达预定地点。黄昏时用256架滑翔机载运补给品，在预定地区着陆。夜间，又有4批滑翔机运载货物着陆。英空降兵第6师完成了预定任务，当天下午与英军第2集团军会合。

  在诺曼底登陆战役中，美、英空降兵在作战中共使用了2400架运输机，1300余架滑翔机，空降了3.5万余人。其中伞降1.7万余人、504门火炮、110辆轻型坦克及千余吨物资。战斗中伤亡很大，其中美军空降兵第82师伤亡人数最多，伤亡占总人数的65%~70%。运输机被击落42架，被击伤510架。这次空降作战，是美、英盟军第一次使用多个师同时进行的大规模空降战役，虽然损失严重，但基本上完成了预定任务，有力地配合了地面部队的登陆作战。同时，就空降作战的本身而言，由于这次作战吸取了以往的许多教训，作了很多改进，因而较好地解决了空降作战部队之间，空降作战部队与登陆部队与海军及航空兵之间的协同问题；采取了许多欺骗干扰手段，隐蔽了空降兵的行动，达成了空降的突然性；建立了引导队，在空降场设置了标志，保证比较准确的空降到预定地点。在作战理论上，也有了发展。

喷气式飞机时代下的空军

第二次世界大战结束后，和平建设成为各国人民的普遍愿望和行动。为了恢复被战争严重破坏了的国民经济，大部分国家都采取削减军费、裁减军备的措施。然而好景不长，战时的同盟国很快分道扬镳，并形成两个对立的政治联盟和军事集团，重新刮起军备竞赛之风。战争乌云再次笼罩全球，局部战争接连不断，世界进入战后的军事对峙和冷战阶段。人们认真地总结了第二次世界大战的经验教训，鉴于空军在大战中的作用，各国对空军建设尤为重视。战后（第二次世界大战结束至20世纪50年代末），各国空军在装备上的主要发展方向是由活塞式飞机向喷气式飞机过渡，空军建设在世界范围内进入以喷气式飞机为主要标志的发展阶段。

喷气式飞机时代的开始

喷气式飞机是在第二次世界大战后期诞生的，它的出现，很快引起各国的普遍重视。战后初期，美、苏、英、法等国在研制和生产喷气式飞机方面取得重大突破。尤其是美国和苏联，它们在实现本国空军部队喷气式飞机装备的同时，还把大量喷气式飞机转运到各自的盟国和友好国家，并迅速帮助这些国家进行喷气式飞机改装。20世纪50年代，全世界各大洲、各大洋上空都有喷气式飞机在飞行。空军建设开始了喷气式飞机时代。

航空技术的重大突破

第二次世界大战期间，以活塞发动机为动力的歼击机发展很快，到大

战末期，飞机的最大速度已达760千米/小时左右。但是由于受活塞发动机功率的限制，再提高活塞式飞机的速度就很困难了。有人曾用活塞式飞机进行超音速试验，结果都失败了。当时，把音速看做是一种天然不可逾越的障碍，称为"音障"。经研究发现，飞机在速度接近音速时，机身、机翼等部位上会产生激波，从而使阻力—波阻明显增大。此外，螺旋桨在高速旋转时由于同样原因效率大大降低，因而必须有新的动力装置，才能使飞机速度达到和超过音速。喷气式发动机产生的推力能使飞机克服跨音速飞行时产生的激波阻力，突破音障，进行高速飞行。所以，喷气式飞机的出现是航空技术的重大突破，标志着空军发展史上的新纪元。

第二次世界大战末期，德国和英国的喷气式战斗机已经研制成功，并投入使用。1945年11月，英国的装有涡轮喷气发动机的"格洛斯特流星—4"式特制飞机，创造了969.9千米/小时的速度世界纪录。美国和苏联也都在大战期间加紧研制喷气式飞机。1945年2月，美国的D—80型喷气式战斗机开

二战喷气式飞机

始交付部队。1946年4月，苏联的雅克—15和米格—9型喷气式飞机研制成功。到1947年"五一"节举行检阅时，有100架喷气式飞机通过红场上空。1947年10月，美国研制成功世界上第一架超音速喷气式飞机X—1型。但是最早的实用超音速战斗机是美国的F—100型和苏联的米格—19型飞机，均于1953年研制成功。

在喷气式飞机中，歼击机发展最快，最早实现了从活塞式向喷气式的转变。20世纪40年代后期，著名的喷气式歼击机有苏联的米格—15型，美国的F—80型和英国的"吸血鬼"式。喷气式歼击机与螺旋桨式歼击机相比，不仅速度大大提高，其战术技术性能也有很大改进。喷气式歼击机对

地攻击性能的提高，还导致了一个新机种——歼击轰炸机的诞生，并逐步取代了轻型轰炸机。美、苏两国空军在20世纪50年代后期开始装备歼击轰炸机，如美国的F—105"雷公"和苏联的苏—7等型。

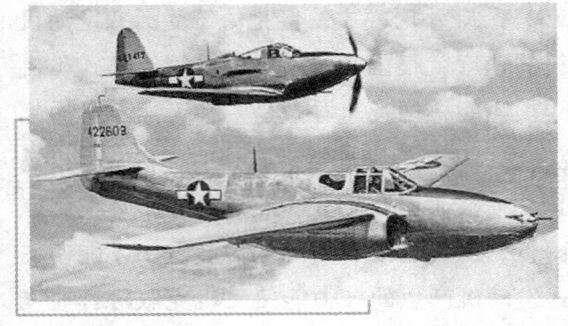

P—59型喷气式战斗机

第二次世界大战结束之后，几个航空工业发达的国家，先后研制出喷气式轰炸机。20世纪40年代后期，美国研制出装6台活塞式发动机和4台喷气式发动机的B—36型轰炸机。随后，苏联的伊尔—28型、美国的B—47型和英国的"堪培拉"等型飞机相继问世。美国空军的战略轰炸机B—52型和苏联空军的战略轰炸机图—16型，都是于20世纪50年代装备部队的喷气式轰炸机。

1952年，英国研制出第一架喷气式运输机——"慧星"1型，迎来了喷气式运输机时代。在此期间，美、苏等国也研制出一批喷气式运输机。

核空中力量建设取得进展

1945年，美国研制出最初的3颗原子弹样弹，一颗于当年6月用于试爆，另两颗于8月6日和9日分别投向了日本的广岛和长崎。原子弹用于战争，是人类战争史上的一次革命。继美国之后，苏联于1949年原子弹试验成功。在核弹药和运载工具的研制生产方面，美国仍处于领先地位。1950年朝鲜

1945年9月，人们在核爆后的几个星期里在广岛的废墟上穿行

战争爆发后，美国决定加速研制氢弹，并着手使原子弹小型化。1952年10月，美国试验了第一个氢弹装置，并开始部署战术原子弹。在美国试验氢弹的同时，英国宣布了原子弹试爆成功。1953年8月，苏联试验了第一个氢弹装置。美国于同年部署了第一种型号的氢弹。至此，在核武库中，出现了原子武器的新类型——热核武器。

1955年以后，美国和苏联两国在核武器的研制、生产和更新换代上展开了剧烈竞争。从1955～1959年，美国已库存的核炸弹、核炮弹、核火箭弹头达35种。到1957年核弹总库存就已达5000枚，两年后翻了一番，达1万枚。苏联紧追不舍，不仅在核弹头的数量和品种上逐步与美国接近，而且在运载工具的研制和生产方面取得重大突破。

核武器爆炸

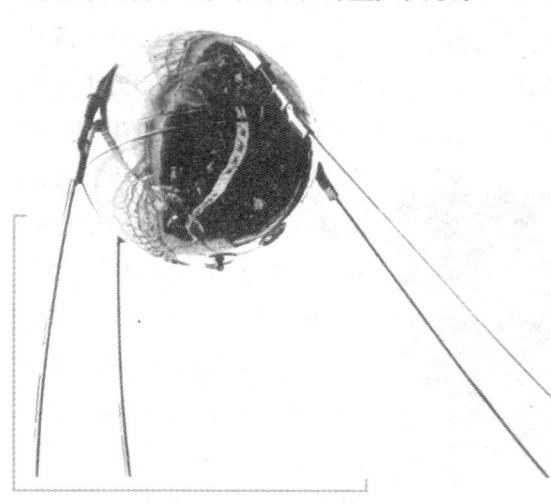

苏联将第一颗人造卫星送入太空

这一时期，法国也在进行原子弹研制工作，不过进展较为缓慢。

核武器及其运载工具在战后初期的发展，是以美国为首的北大西洋公约组织和以苏联为首的华沙条约组织两大军事集团制订防务政策和军事战略的重要依据，也是指导各国空军建设和航空装备发展的重要依据。

各国从德国在第二次世界大战后期使用V—1和V—2火箭中,看到了导弹在未来战争中的作用。战后不久,美、苏、英等国迅速恢复了导弹研制工作。1955年以后,美国和苏联进一步明确以研制战略导弹为重点的建军方针。1957年8月26日,苏联首先宣布洲际导弹试验成功,并于10月4日,将第一颗人造卫星送入太空。1959年,美国也将射程1万千米的"宇宙神"弹道导弹投入现役。但是,轰炸机仍是这一时期核武器的主要运载工具。因此,美、苏等国都很重视战略轰炸机的研制和改进。

战后初期的核空中力量建设,主要是战略轰炸航空兵的建设。

美国战略空军

1947年7月,美国空军正式独立,斯图亚特·薛明顿和卡尔·斯帕茨分别就任美国历史上第一任空军部长和空军参谋长。这两位在第二次世界大战时就迷信战略轰炸的空军领导人,深信他们管辖的原子弹及其运载工具已成为美国军事力量的基础。两人一上任就鼓吹"用大规模报复来对付共产党国家的侵略",主张"优先建立一支强大的战略空军"。1950年4月,托马斯·K·芬赖特任美国空军部长。他认为,20世纪中叶的"航空原子力量"起着和19世纪英国海军所起的世界宪兵相类似的作用。他特别重视战略空军建设,同空军参谋长范登堡上将、战略空军司令李梅上将一起,重新审查了战略空军的发展计划。扩充战略空军兵力,加速实现装备现代化。1950年6月,美军重整军备计划为美国战略空军的快速发展提供了机会。1950~1957年,美国战略空军的人数由7万增至20万;飞机由100架左右增至3000架以上;作战联队由19个增至51个(包括6个歼击机联队矢B—29、B—50、B—36等过时型号的飞机),全部由B—52重型喷气式轰炸机和B—47中型喷气式轰炸机所代替。最大限度地提高轰炸机的作战半

B—52重型喷气式轰炸机

径，是美国战略空军为完成新的战略轰炸使命向航空工业提出的最紧迫要求。

1949年底，B—36型洲际战略轰炸机装备部队，建立B—36重型轰炸机联队，B—29这个第二次世界大战中的超级重型轰炸机降格为中型轰炸机。B—36型飞机原装有6台活塞式发动机，其改进型又增加了4台喷气式发动机，使其成为世界上最大、航程最远的飞机，基本满足了美国空军首脑建立洲际战略轰炸机部队的愿望。1950年6月以后的重整军备，使得美国战略空军有可能以比原计划快得多的速度实现所有部队的喷气式飞机改装。1951年，开始改装B—47型喷气式中型轰炸机。该机作战半径与B—29型相似，但其他战术技术性能大大优于B—29型轰炸机。1955年开始，B—52型战略轰炸机逐步取代B—36型轰炸机。B—52原型机于1952年4月试飞成功。1955年6月，第一批生产型B—52B型轰炸机开始装备部队。此后共生产744架，有8种型号。到20世纪50年代末，美国战略空军共有以B—52型为主体的战略轰炸机1654架，占美国全部核运载工具的94%。美国战略空军同时掌握有战略导弹和战略轰炸机的作战使用权。

苏联远程航空兵

战后初期，苏联非常重视远程航空兵建设，认为在导弹尚未成为主要核武器运载工具之前，最现实的原子弹携带者是轰炸机。1946年，苏联在将空军升格为独立军种的同时，恢复了远程航空兵建制，使之成为与前线航空兵并立的兵种。远程航空兵司令部下辖若干个远程轰炸航空兵、远程侦察航空兵和特种航空兵的兵团及部队。为了提高轰炸机的作战半径，苏联国防人民委员会采取了一系列重大措施，以打破美国洲际战略轰炸机的垄断地位。1951年，苏联开始研制图—20型轰炸机，其设计要求是能够飞越北极攻击美国本土目标。1954年首飞成功，1957年装备部队。这种飞机速度为805千米/小时，升限1.5万米，航程1.2万~1.4万千米，共生产300架左右。该机服役型为图—95型，是苏联战略核突击的基本力量之一。米亚—4型是苏联研制的第一种重型喷气轰炸机，1951年设计，1953年试飞，1957年开始装备部队，共生产110架。该机航程8000千米，速度1060

千米/小时，实用升限1.4万米，既可执行核轰炸任务，又可作为导弹载机。图—16是苏联的高亚音速中程轰炸机，性能和机体尺寸大致相当于美国的B—47型飞机，1950年开始研制，1952年首飞成功，1955年交付使用，共生产约2000架。图—16、图—95和米亚—4型飞机具有了空中加油能力，装备苏联空军部队后，使苏联空军真正具有了战略轰炸能力，成为苏联核威慑力量的三大支柱之一。

英国轰炸航空兵

第二次世界大战后，英国为了争取在西方盟国核战略中的相对独立地位，政府十分重视喷气轰炸机的研制和生产，并把建立核战略轰炸机部队的任务下达给英国空军参谋部下辖的轰炸机司令部（即轰炸航空兵）。按照轰炸机司令部制定的发展计划，首先研制生产了"堪培拉"式喷气式轰炸机。该机于1949年5月13日首次试飞，1951年1月开始装备部队，共生产1352架，其中英国生产901架，澳大利亚生产48架，美国生产403架。50年代，英国还研制生产了"勇士""火神"和"胜利者"式喷气轰炸机。这3种飞机的交付使用，使英国空军在20世纪50年代就拥有了一支战略空中突击力量。

法国核轰炸机部队

在第二次世界大战中，法国航空工业遭受严重破坏。战后初期，法国装备的飞机绝大部分是外国的旧飞机。进入20世纪50年代，随着国际局势的变化和国民经济的恢复，法国确定了新的建军方针。根据"建立独立的核威慑力量"的方针，法国政府在决定优先发展核导弹的同时，于1956年责成空军研制一种能携带原子弹的轰炸机。最后选中了达索飞机公司研制的幻影Ⅳ，定名为幻影ⅣA。该型机于1959年6月试飞，1964年装备部队。

建设独立空军的思想为各国所接受

第二次世界大战前，世界上只有英国、法国、德国、意大利、中国等少数几个国家建立了独立的空军，而包括美国、苏联等军事强国在内的大

多数国家的空中力量,都是隶属于陆军或海军,未取得独立军种地位。通过第二次世界大战的实践,证明了空军是一支能执行多种职能的军事力量,是现代合同作战中不可缺少的重要力量,确定了它在武装力量构成中的独立地位和在现代战争中的战略作用。实践还证明,空中力量必须统一指挥,集中使用,才能充分发挥它的应有作用。因此,建设独立空军的思想已为各国所接受。第二次世界大战期间和战后不久,加拿大、澳大利亚和西欧的一些国家相继将本国的空中力量从陆、海军中分离出来,建立独立的军种——空军。

大战结束不久,美国总统杜鲁门在同军界最高领导层磋商后,提请国会通过建立空军部的法案。他在国会宣称:"空中力量已经发展到了这样一个地步,其肩负的责任与陆、海二军别无两样,它对我们的战略计划所做的贡献亦与陆、海二军同样的伟大"(《美国空军史》第8章,载美国空军杂志1957年8月号)。1947年7月26日,美国国会通过的国家安全法确立了美国空军的独立军种地位。

战后不久,苏联对空军在第二次世界大战中作用和地位作出了客观评价,认为在卫国战争期间,在苏军中占第二位的军种是空军。在总结第二次世界大战经验和广泛听取多方面意见的基础上,苏联人民委员会于1946年2月作出对武装力量的体制进行改组的决定,宣布设立陆、海、空军总司令和总司令部,各军种成立军事委员会,由军种总司令领导。这样苏联空军的大军种地位就在法律上得到确认。

美国和苏联确认空军作为国家武装力量的一个大军种地位,标志着陆、

杜鲁门

海军两部制时代的结束,具有普遍的国际意义。从此之后,世界各国凡有必要和可能建立海军和空军部队的国家,都实行三军并立制。许多新独立的国家或政权变更的国家,在建立武装部队时,就宣布建立独立的空军。

在局部战争中进入"主角"

第二次世界大战结束至1959年,世界各地共发生各种局部战争和国际武装冲突59起。几乎每次局部战争和武装冲突都动用了空中力量。由于航空技术装备和武器的发展,以及空军质量的提高,航空兵的战斗能力大大增强,其在战争中的作用更加明显提高。局部战争少不了空军参与,空军已成为战争中不可缺少的角色,而且在一些局部战争中已经进入"主角"例如,朝鲜战争和第二次中东战争中,空军的行动对战局的发展起到重要作用。1950年6月到1953年7月发生的朝鲜战争不仅是一场大规模的地面战争,也是一场大规模的空中战争。战争的后两年,空中战争甚至比地面战争更为激烈,交战双方都大量使用了最先进的喷气式飞机和高射兵器。空中成百架的机群作战,地对空和空对地作战都十分激烈和壮观。1956年10月29日爆发的第二次中东战争(亦称苏伊士战争),是英国、法国联合以色列侵略埃及的战争。这次战争,英、法空军投入各型飞机650架,加上以色列的155架飞机,共有飞机800多架。埃及参战飞机500多架。战争中,英、法空军先是突袭了埃及的开罗、亚历山大、塞得港、伊斯梅利亚和苏伊士5个城市和4个空军基地。得手后,再对埃及的几个主要机场和开罗广播电台进行轰炸,完全掌握了制空权。埃及全部机场均遭破坏,大部分飞机被炸毁,其空军基本瘫痪。接着英、法空降兵在空中近距离支援下,空降成功。战争历时8天,英、法达成战争目的。

通过上面两个局部战争的例子可以看出,第二次世界大战后的20世纪50年代,空军已在局部战争中充当了"主角"。

空军战略战术的重大变化

战后,随着空军独立军种地位的确立和核武器的出现,空军的战略战术也发生重大变化。如何建设适用于核战争的空军和如何使用空军进行核

战争，是战后初期美国和苏联及其代表的两大军事集团战略思想和建军的重点课题，并形成各自的核军事战略和建军方针。

由于美、苏两国都想称霸世界，而且都是以使用核武器为其制定战略的基础。因此，美、苏的战略演变及其对空军发展和战略运用，是互相影响、相互渗透的。战后至20世纪50年代，由于核武器刚刚出现，美、苏的军事战略实际都是以第二次世界大战的经验为依据，奉行多军种平行发展的建军方针和准备打第二次世界大战式的常规战争。美国推行的遏制战略，强调要在苏联周围建立一个包围圈，以便遏制所谓苏联共产党的侵略。其手段是依靠盟国的力量，进行小规模的局部战争，尽量避免大战的发生。战后初期，美国除了继续控制在第二次世界大战中建立的海外军事基地外，又增设了一系列重要的军事基地。据资料统计，当时美国在本土建立的空军基地有135个，而在海外则建立254个，再加上美国海军在国外建立的171个航空站，美国航空兵在国外可使用的基地达425个之多。在20世纪50年代，美国主要是依靠这个庞大的海外军事基地网，来逐步紧缩对社会主义国家的包围圈、封锁圈，不断增大其航空兵作战半径，推行遏制战略。

美国在朝鲜战争中的失败，宣告了"遏制"战略的破产。为了摆脱这种困境，1953年艾森豪威尔就任美国总统后，推行大规模报复战略。当时的美国国务卿杜勒斯称：大规模报复，就是一种拥有选择的报复能力以求遏制战争的政策，其基础一是原子弹，二是战略空军。艾森豪威尔政府认为，美、苏之间如果发生战争，就将是核大战。明确提出以核武器和战略空军为中心制定全盘备战计划和战争计划。1957年，美国将陆基弹道导弹划归战略空军指挥后，使战略空军威力倍增，空军在三军中的地位

艾森豪威尔

显著提高。

苏联在战后初期，由于核武器研制落后于美国，于是采取积极防御战略。主要是加速核武器研制进程，尽早打破美国的核垄断；保持强大的陆上作战力量，以陆军为基础，用大规模的持久的多军兵种协同作战，粉碎美国的核讹诈；加强空军和国土防空军建设，用积极而坚决的抗击和还击，消灭敌方核轰炸机，保卫苏联和盟国免遭核袭击。苏联上述战略方针，在强调保持强大的陆军的同时，提出了优先发展原子弹、防空歼击机和远程轰炸机的武器装备发展规划。发展规划在四五十年代全面实施，一方面使苏联空军远程轰炸机具有飞抵美国上空，进行原子突击的能力；另一方面又使其空军和国土防空军的防空歼击机实现了喷气化，具有了超音速性能。苏联空军和国土防空军在核时代初期的积极防御战略中，已成为抗击核战略轰炸机和进行核还击的一支强大的空中作战力量。

战后，随着喷气式飞机日益完善，空空导弹和地空导弹相继用于作战，火器射程成倍增大，命中精度大大提高，电子技术的发展，对空指挥和控制的能力大大加强，使合同作战成为各国空军战斗的基本样式。它强调有计划有重点地集中使用兵力，建立高空、中空、低空相结合的纵深、疏散、立体的战斗部署；以小编队在电子对抗和掩护下实施隐蔽、突然的空中突击；突击兵力除有担负侦察、掩护和压制的作战飞机外，还有一些专业飞机协同作战，构成多机种合同突击的新样式。空中斗争和对空斗争紧密结合，高射炮兵和地空导弹兵混合配置，构成纵深、立体的对空防御，组织以要地为中心的区域防御。

世界两大军事集团的形成及其空军建设

第二次世界大战结束后，随着两大对立的政治军事集团的形成，一些军事大国又搞起军备竞赛，局部战争随时可能爆发。鉴于空军在第二次世界大战中所扮演的角色及所起的作用，各国都把空军的建设摆在首要位置。尽管战后一些国家裁减了军队总量，然而对空军的影响却不大。因此，战后大多数国家的空军不仅在数量上，而且在质量上得到迅速发展。

战后世界新格局——两大军事集团的形成

两大军事集团是指以美国为首的北大西洋公约集团（简称北约）和以苏联为首的华沙条约集团（简称华约）。

英、法等西欧国家在第二次世界大战中饱受创伤，大伤元气。在战后初期，一方面对德国军国主义心有余悸，另一方面对东欧社会主义国家的兴起感到恐惧。千疮百孔的西欧各国已经没有任何一个国家能够单独对付这两种威胁。这是西欧各国采取结盟政策的共同思想基础。由于美国所处地理环境的优越，不仅未遭到两次世界大战的破坏，反而在战争中发了横财。战争也刺激了美国经济的发展，美国战后不仅经济富足，而且军事实力强大。所以西欧各国结盟想求助于美国，请美国出来做西方世界的盟主。而美国则想乘机通过外交、经济和军事援助等方式，牢固地建立对西欧诸国的控制。同时，美国为了扩大世界霸权，也选择西欧作为主要的反苏、反共前沿基地。西欧各国和美国彼此所推行的国家政策有许多的共同点，它们彼此之间的相互利用和在政治、军事、经济上的共同利益，成为结盟的基础。1949年4月4日，比利时、加拿大、丹麦、法国、冰岛、意大利、卢森堡、荷兰、挪威、葡萄牙、英国和美国等12国的外交部长在华盛顿正式签署了北大西洋公约，形成了北大西洋公约军事集团。1952年2月18日，希腊和土耳其加入该集团，1955年5月9日，联邦德国又加入了该集团。

面对上述西方的挑战，1955年5月11日至14日，苏联和东欧的保加利亚、波兰、匈牙利、捷克斯洛伐克、罗马尼亚、阿尔巴尼亚、民主德国等国在华沙举行第二次欧洲和平与安全会议，缔结了《友好合作互助条约》，形成了针对北大西洋公约军事集团的华沙条约军事集团。北约和华约的出现，形成了以美国为首的资本主义和以苏联为首的社会主义两大阵营，同时也是两大相对峙的军事集团。它的影响不仅在欧洲，而且影响到世界战略新格局的形成。

加快空军建设步伐

两大对峙的军事集团形成后，竞相扩充军备，进行军备竞赛。在军备

竞赛中，首当其冲的是加快空军建设步伐。

北约集团和西欧其他国家空军建设发展情况

美国是北约集团的盟主，其军事实力最强。战后美国实行"遏制战略"，企图控制西欧和日本，包围遏制社会主义国家。在军队建设上采取三军均衡发展方针。鉴于空军长期未能成为独立军种，较陆、海军弱，因此美国在强调均衡发展的前提下，优先发展空军。1946年3月12日，美国空军进行了战后第一次改组，在原有陆军航空队的基础上成立了战略空军司令部、战术空军司令部、防空司令部和5个本土支援司令部及5个海外司令部。1947年7月26日，陆军航空队脱离陆军建制，正式成为独立的空军。9月18日，成立空军部，统一管理和指挥空军所有部队和机关。1947年，空军兵力占三军总兵力的19.3%，1952年迅速上升到27%。1950年朝鲜战争爆发后，杜鲁门政府为了推行"遏制战略"，积极扩军备战，至1953年，空军兵力达到97.7万多人，106个联队，飞机总数达2.5万架（其中作战飞机达1.1万架）。1953年到1960年，艾森豪威尔任美国总统期间，推行"大规模报复"战略，军队建设侧重发展空军和核武器，空军兵力在三军总兵力的比例由1952年的27%上升到1960年的32.9%，空军军费由1952年的127.4万美元猛增到1960年的190.6亿美元，其比重由占总军费的32.8%上升到46%，几乎相当陆、海军军费的总和。这个时期空军重点是发展战略空军。1953～1954年，开始用B—47中型轰炸机代替老式的B—29型轰炸机。1955年6月，又装备了B—52型战略轰炸机。1953年到1956年中期，战略空军先后在海外成立3个空军师和1个航空队。在核武器方面，1953年制成氢弹，1957年12月首次完成"宇宙神"洲际导弹试射计划，1959年开始部署第一代洲际导弹。

英国空军在第二次世界大战期间，始终作为重要的军事力量而被重视。虽然在最后取得胜利之前开始缩减编制，但英国吸取了第一次大战结束时大规模裁减空军的教训，仍然对空军保持相当的兵力。从第二次世界大战结束到20世纪50年代中期，其空军兵力基本保持在30万人左右。1947年，英国空军总兵力约30万人，有100个中队服现役，1000架左右的第一线作

战飞机。当时，还采取了一项补充适当的后备队的重要措施，即重新组建20个辅助空军中队、皇家空军志愿队中心以及大专学校学生志愿中队。不久，就将其作为第一线的作战中队看待了。战后初期，英国空军除在本国有4个作战的指挥部和4个非作战的指挥部（维护、飞行训练、技术训练和后备指挥部）外，还有英国占领国的空军部队和北爱尔兰与直布罗陀的英国皇家空军部队。

洲际导弹

1946年，英国空军在海外的指挥部包括在德国、奥地利、意大利、希腊、马耳他、东非、利凡得、伊拉克和亚当等地设立的总部，均隶属于英国皇家空军地中海和中东空军指挥部。在东南亚地区，在缅甸、锡兰（斯里兰卡）、马来亚、香港、新加坡以及西非和印度等地均设有附属总部。从1951年起，英国制定了一个三军重整军备的计划。同时整个英国皇家辅助空军的20个中队都奉命调整到战斗机指挥部，进行为期3个月的训练，作为扩大皇家空军的一项紧急措施。到1956年，英国皇家空军约有185个现役中队，约2000架第一线飞机，其中1/3是战斗机，约1/4是轰炸机。在武器装备方面得到不断更新。1948年截击中队全部换装成喷气式飞机。1951年装备了"堪培拉"式喷气轰炸机。1953年装备了"猎人"式喷气歼击机。1956年又开始装备"火神"式轰炸机，这是世界上最早的一种三角翼喷气轰炸机。1956年，空军开始研制空空导弹。第二次世界大战后至20世纪50年代末，英国空军参加过两次比较大的作战行动：一次是与美国空军共同参加了1948年3月至1949年9月的柏林空运，英国空军派出140架运输机，出动6.3万多架次，运送28万余吨货物和6万多人员；另一次是1956年10月至11月，联合法国、以色列入侵埃及，

英国空军投入120架轰炸机、100架歼击轰炸机和1个侦察中队,与法军一道对埃及的开罗、亚历山大、塞得港、伊斯梅利亚和苏伊士等5个城市及4个空军基地和若干防空武器阵地进行轰炸。以后又对埃方的广播电台、兵营、港口和机场进行轰炸。共炸毁埃及飞机200多架,取得整个战役的制空权,在军事上达到了预期目的。

法国由于在第二次大战中遭到亡国的命运,80%的航空工业遭到破坏。战后法国军事经济地位十分虚弱,空军装备型号多国化,质量较差。法国参加北大西洋公约集团后,空军装备得到改善,兵力有所加强。1952年,根据共同防御援助计划,得到了一些新装备,其中有美国的喷气式歼击机和教练机。1954年初,法国空军总兵力达到12.3万人,在欧洲、非洲和印度支那共有27个战斗机中队、两个侦察机中队、两个轰炸机中队、10个运输机中队及12个联络机中队。在"北约"的空军力量中,法国参加的部分主要是第一盟国中央战术空军,司令部设在拉尔,包括两个截击机联队、4个战斗轰炸机联队及1个战术侦察机联队。战斗截击机部队由"吸血鬼"式改装为"旋风"式战斗截击机,轰炸机已装备了F—84G雷电式喷气机,侦察机中队装备RF—84G型战斗侦察机。

从1955年开始,歼击机和轻轰炸机改用国产飞机。20世纪50年代,法国出于对未来核战争的考虑,以及对周边国家的防范和殖民地战争作战任务的需要,采取"整编陆军、发展空军、逐步更新和改装海军"的建军方针。鉴于法国经济和技术上的困难和其在北约中的分工,法国在发展空军问题上采取优先发展战术空军和空运部队,暂缓发展战略空军的方针。增加预算和兵力,主要是增加歼击机部队,加强新式飞机的研制和生产,改进空军

RF—4C型侦察机

装备，以发展喷气式歼击机为主，并以新的运输机代替陈旧的运输机。法国空军总兵力由战后的6万多人，发展到1954年的12.3万多人，到20世纪50年代末，基本保持在12万人左右。

意大利1943年9月8日战败投降。意大利空军根据1947年和约条款的规定，其实力不得超过350架飞机，人员限定为2.5万。1949年4月，意大利加入"北约"，开始重建军队。重建航空兵的步骤包括训练的复兴、改革及重修战时遭破坏的空军基地和设备。美国向其提供100架C—45型运输机、50架P—38型"闪电"式单座战斗机和一部分联络机。1951年底，装备了本国制造的80架"吸血鬼"式战斗轰炸机。1952年末，装备了250架F—84G"雷电"式喷气战斗轰炸机，组成喷气式飞机战术部队和核心力量。1955年接受了少量的"吸血鬼"式NF—54型全天候双座战斗机和大量的"佩刀"式MK—4昼间截击机。1956年购买了RF—84F"雷电"式喷气战斗轰炸机和该型号侦察战斗机以及F—84佩刀式全天候单座战斗机，向空军的现代化迈进了一大步。比利时空军是1946年10月1日在原来的两个喷火式战斗机中队基础上建立的独立空军。计划建5个战斗机联队、1个运输机联队和1个通信联络机联队。到1948年，组建了第1、第2战斗机联队和第15运输机联队。1951年接受美国援助的200多架F—84型战斗机，装备3个联队后又用F—84G/E型飞机装备两个联队。同时，英国也向其提供"流星"式N.F—n型全天候战斗机，比利时空军作战飞机实现了喷气化。1955年比利时空军总兵力达到2万人，其中飞行员773名。向北约提供了24个中队，531架飞机。

荷兰加入"北约"后，于1950年开始酝酿组建独立空军。1952年在里斯本召开的北大西洋公约组织会议上，确定荷兰皇家空军未来作战实力为15个战斗机和战斗轰炸机中队。1953年3月27日，陆军航空队脱离陆军建制，成为与陆、海军并列的独立空军，并成立了防空司令部、战术空军司令部、空军器材司令部和空军训练司令部。根据北约的共同防御援助计划，荷兰空军许多飞行员被送往美国和加拿大进行训练，并得到北约提供的200架F—84E/G型战斗轰炸机，装备了6个中队。到1956年，装备的F—84E/G型飞机被F—84F型飞机取代，用RF—84F型飞机装备了照相侦察中

队，3个全天候截击机中队装备F—86K型飞机，6个昼间战斗机中队装备216架豪克公司"猎人"F—4和F—6型飞机，运输机中队装备了C—47型飞机。3个轻型飞机中队分别装备了L—18"超级幼狮"、L—20"海狸"式和H—23型直升机。

丹麦在第二次世界大战后，成立一个空军委员会，由曾在英国空军服役的K·培克斯坦中校任总顾问，着手进行建立空军的准备，开始购买飞机、培训人员、修复和扩建机场，建立高级训练学校和作战训练学校。1947年12月1日，成立航空兵参谋部、技术勤务管理处和一所航校，作为陆、海军航空兵合并的第一步。1949年，组建第1个喷气机中队。1950年10月1日，丹麦皇家空军正式成立，由空军参谋部、空军器材部、两个航空兵基地指挥部和航校、控制与报知部队组成，编5个作战中队。主要作战飞机有PBY—SA"牛津"式、"流星"式和"喷火"式。根据北约共同防御条约和盟军互助计划。20世纪50年代，丹麦空军获得200架F—84E/G和T—33A等型飞机，新组建5个中队，新建和扩建7个机场，并建立了控制报知雷达系统和基地飞行设施。1953年，丹麦空军聘请了英国空军上将休·桑德斯爵士担任空军总顾问，整顿组织机构，撤销2个航空兵基地指挥部，成立训练部，将作战指挥权由航空兵参谋部移交给新成立的战术空军司令部。1957年，飞机换装为"猎人"式、F—100和RF—84F等型飞机。

挪威空军战后计划兵力为3个战斗机中队、2个轻型轰炸侦察机中队、1个海上侦察机中队和1个运输机中队。根据1947年奥斯陆协定，从英国购买了100多架"喷火气"式、"蚊"式、"牛津"式等型飞机。1949年皇家委员会提出空军的发展规划为12个作战中队和1个运输机中队，每中队编8

远程全天候截击机

架飞机，另有 8 架备份。当年挪威加入北约，确定空军总兵力为 8 个战术中队，每中队编 25 架飞机。根据共同防御援助计划，1951 年获得首批 F—84F/G 型飞机，装备 6 个中队。1958 年，6 个中队换装 F—86F 型飞机。1957 年 7 月，挪威高炮部队移交给空军。同时，空军开始装备"奈基"式地空导弹。

葡萄牙于 1952 年 7 月 1 日由其陆军航空队和海军航空兵合并，成立了独立的葡萄牙空军，由新成立的空军部领导，其规模很小。1953 年装备 2 个 F—84G 型歼击轰炸机中队，编为第 20 中队和第 21 中队，各装备 25 架飞机。20 世纪 50 年代先后从北约盟国获得一些飞机，主要有美国洛克希德公司的 T—33A 型喷气教练机、英国的"花栗鼠"式初级教练机和 T—3 型"哈佛"式中级教练机等。葡萄牙空军除装备着 PV—2 型"鱼叉"式飞机的海上侦察分队外，仅有的作战部队就是第 20 中队和第 21 中队。20 世纪 50 年代末，葡萄牙空军共有兵力 2500 人左右，其中军官约 500 人，共有各型飞机 350 架。

加拿大空军在第二次世界大战后，被大规模裁减。1946 年 2 月，政府宣布加拿大空军由 1.6 万人的正规军、4500 人的辅助队和 1.1 万人的后备队组成。12 月 16 日，加拿大三军再次统一由 1 个部领导，空军编制减为 1.27 万人。20 世纪 40 年代末，空军改组，设西北空军、中部空军、空军后勤部和 4 个直属大队。根据战后的发展计划，加拿大空军是一支纯粹的战术部队，没有轰炸机部队，当时的迫切任务是担负加拿大和北美大陆的防空。由于欧洲在政治上的重要性，加空军首先将新建的战斗机中队派遣到那里，作为加拿大提供给北约集团的部队的一部分。这部分部队是由 12 个战斗截击机

奈基式地空导弹

中队组成的空军师。1948年12月，加拿大制定空军扩充计划，国内加紧研制喷气式飞机，生产了CF—100、F—86F和T—33A型飞机，20世纪50年代开始装备部队。1951年2月加宣布3年扩军计划，空军总兵力计划扩充到4.2万人，拥有41个正规和预备中队。到1955年，达到41个中队，有21种不同型别的2900多架飞机，正规兵力有4.95万人。20世纪50年代末，有29个正规中队和10个辅助中队，有3000多架飞机，总兵力5.6万多人。上述中队中有21个正规喷气式中队和6个辅助喷气式中队。有一支约600架作战飞机的作战部队。训练工作在加拿大空军的扩充计划中占有极重要的位置，加拿大还是训练盟国空勤人员的中心。20世纪50年代，加空军不但训练自己的飞行员，还为北约成员国比利时、丹麦、法国、希腊、意大利、荷兰、挪威、葡萄牙、土耳其和英国培训飞行员，到1957年，共训练出空勤人员4600名。1957年起，又为联邦德国训练空勤人员。

希腊空军于1941年4月，遭到德国空军毁灭性打击，剩余的部分随英国空军一起撤往埃及，组成第335歼击机中队，以后又组建第336中队和第13轰炸机中队，在西非参加对德国和意大利作战。第二次世界大战后，希腊曾试图重建空军，由于财政和技术上的困难，进展缓慢。1952年，希腊加入北约组织，希腊空军根据共同防御援助计划获得援助，先后获得82架佩刀式歼击机、250架F—84F/G型歼击轰炸机、若干架T—33A型教练机和1个中队的RF—84F型侦察机和歼击机。1953年，开始大规模修建空军基地，共修建了12个现代化基地。20世纪50年代后期，希腊空军辖有3个歼击轰炸机联队、1个截击机联队、1所空军学校、1个飞行训练中心和1所工程学校。

土耳其空军在第二次世界大战结束时，拥有10个团，并建立了空军司令部，两个空军旅改组成两个空军师，其兵力大约有由30个中队组成的15个联队。战争结束后的几年里，进行了裁减。战后，土耳其军队建设受到美国影响。1947年5月，美国向土耳其空军提供2675万美元援助，同时派遣一个以浩格少将为首的空军代表团指导土耳其空军建设，派工兵对土耳其空军基地进行现代化修建和扩建，并向土耳其空军提供各型飞机。1952年2月，土耳其加入北约组织，由于其地跨亚、欧两洲的地理位置，成为北

约组织的战略要地。北约在土境内伊兹密尔市设立第6战术空军司令部，由一名土耳其空军中将任司令。美国在迪亚巴克尔空军基地建立了10个作战训练单位。1952年10月，美国把第一批大约300架F—84G型雷电式战斗轰炸机交给迪亚巴克尔基地，土耳其战术空军开始改装喷气式飞机。战术空军司令部的19个中队配属给北约盟军第6战术空军。上空军的第一线兵力几乎全部由北约控制。北约还在土耳其境内设有14个预警和跟踪雷达站及3个空军基地。土耳其空军的大部分基地和设施均交北约统一使用。到20世纪50年代末，土耳其空军兵力超过3万人，拥有大约400架飞机，其飞机大都是由美国和北约其他成员国提供的。

联邦德国空军于1956年9月24日正式建立。第二次世界大战后，德国被分为两部分，苏联占领区建立了德意志民主共和国（简称民主德国或东德），美、英、法占领区建立了德意志联邦共和国（简称联邦德国或西德）。1954年10月，美、英、法等9国签订巴黎协定，同意联邦德国加入北约，准许其重建国防军，其空军规模是20个大队，编制飞机可达1350架，但不得拥有战略轰炸机。联邦德国空军的飞机装备基本由美国和北约其他成员国提供。

20世纪50年代，总共向联邦德国空军提供约450架F—84F"雷电"喷气式飞机、100架左右RF—84F型侦察战斗机，还有一批T—33A型喷气教练机及20架C—47型运输机。到1957年底，联邦德国空军计划向北大西洋公约集团提供的6个中队，1.3万名地勤人员已经受到训练，还有1200名飞行员正在接受训练。1957年12月14日，联邦德国国防部长H·施特劳斯说，1958年将为北大西洋公约集团组成9个轰炸机中队，每个中队都配满25架飞机。战术司令部的部队，除一些小分队外要在1959～1960年装备全。由于联邦德国空军有一定的战斗传统和作战经验，人员训练素质好，加之联邦德国航空科技和工业生产水平较高，它很快就成为北约国家空军的骨干力量。

瑞典空军。瑞典实行武装中立政策，强调以强大的国防为后盾，以维护其中立地位。第二次世界大战结束时，瑞典空军拥有1000架飞机，编为17个联队，50个中队。第二次世界大战后，瑞典虽然制定了裁减空军的计

划，但基本上未实施。1948年，瑞典政府决定将10个昼间歼击机联队的实力增加50%，把3个攻击机联队和1个侦察机联队改装成昼间歼击机联队，把陆军防空部队的对空观察兵改归空军领导。1951年歼击机联队装备了国产D29型喷气歼击机，1959年开始装备"苍龙"D35型超音速截击机。到20世纪50年代末，瑞典空军基本保持1000架左右作战飞机，随着飞机性能的提高和价格的上涨，其联队、中队和人员数量在逐步减少，但作战能力仍在逐步提高。

瑞士空军。瑞士推行和平中立外交政策，在军事上实行"总体防御"战略，要求平时做好充分准备，一旦发生战争，全国能很快协调行动，实行总体防御。第二次世界大战结束时，瑞士空军编有4个团，一线飞机实力达530架。战后，瑞士政府很重视加强空军的力量，装备的作战飞机数量虽然逐步减少，但是在质量上却在不断提高，空军的战斗力有较大的提高。1948~1950年分别购买了100架F—51D型和吸血鬼F.B—6型飞机。此后本国又生产了250架"毒辣"式歼击轰炸机。1958年开始装备英国的猎人式攻击机。20世纪60年代开始采购"幻影"型飞机。瑞士空军战时动员兵力可达4.5万人，作战飞机500多架。

"幻影"型飞机

西班牙空军。西班牙虽然未加入北约集团（1982年加入北约组织），但与美国关系密切。1953年两国签订防务合作协定，美国向西班牙空军提供现代化作战飞机和教练机，培训空、地勤人员，为西班牙的飞机工业提供工作母机，而西班牙则同意美国空军使用其部分空军基地。1955~1957年，西班牙从美国获得225架F—86型战斗机和一些T—33、AT—6、GC—47等型飞机。20世纪50年代末，西班牙空军分为防空空军、战术空军和运输航空

兵。20世纪60年代开始装备美国F—5型战斗机和法国的幻影飞机。

奥地利空军。第二次世界大战时，奥地利被德国吞并，其空军与德国空军合并。1945年奥地利共和国重新建立。1955年5月15日，苏、美、英、法4个占领国与奥地利签订了奥地利国家条约，7月27日恢复了奥地利主权和独立，开始建空军，计划建立一支小而精的拥有1个战斗轰炸机联队、1个截击机联队及运输、联络和训练部队的战术航空兵部队。奥地利空军以一批在第二次世界大战中参加德国空军作战的军官和军士作骨干重新组建之后，得到的第一批飞机是苏联赠送的4架雅克—11型高级教练机和4架雅克—18型初级教练机，1956年开始飞行训练，随后建立了初级和高级飞行训练学校。此后，奥地利用外国赠送和进口的飞机装备其空军部队和训练单位。奥地利空军实际是一支陆军航空兵，主要任务是为陆军提供战术支援，作战飞机约30架。

芬兰空军。1947年2月10日，芬兰与英国、苏联签订的巴黎和约，规定芬兰空军只能保持60架飞机和3000人兵力。芬兰奉行和平中立政策，一面通过外交手段谋求中立，另一面则在"和约"规定范围内发展武装力量，作为中立政策的后盾。战后芬兰空军编成4个团，1954年将团改为大队。20世纪50年代芬兰空军购买了"吸血鬼"式歼击机和"蚊纳"式截击机，20世纪60年代开始装备苏联米格—21型歼击机。

"蚊纳"式截击机

华约集团及南斯拉夫空军情况

苏联空军和国土防空军。第二次世界大战后苏联空军发展的主要方向是由活塞式飞机向喷气式飞机过渡。卫国战争后，前线航空兵很快装备了

喷气式飞机。军事运输航空兵也向新技术装备过渡，组建了直升机部队。20世纪50年代，空军装备了原子弹，后来又装备热核炸弹。1946～1953年期间，主要是提高航空技术装备质量，减少数量，即以喷气式飞机取代活塞式飞机，飞机数量从2万架减到1.5万架。为保障可靠地领航，准确地轰炸和射击，飞机上装备了各种无线电电子系统。1946年2月，设空军总司令职务，空军正式成为与陆、海军并列的军种。体制编制进一步完善，恢复了远程轰炸航空兵（后改为远程航空兵），建立了空降运输航空兵（后改为运输空降航空兵）。20世纪50年代后期，由于装备了核武器，重视了轰炸机的发展。1954～1957年，其远程航空兵先后装备了图—16、图—95、米亚—4等型远程轰炸机和空对地导弹，它们均具有核攻击能力。前线航空兵的歼击机和歼击轰炸机已发展到第二代，并大量装备空空导弹。随着装备更新，1955年4月，运输空降航空兵改称为军事运输航空兵，隶属于空军总司令部。1957年，歼击轰炸航空兵取代了强击航空兵，它装备有既能使用常规武器，又能使用核武器的专用歼击轰炸机。为减少指挥层次，取消了前线航空兵集团军中的军一级机构，使作战指挥更加灵活。

苏联是空、防分立的国家，国土防空军是构成国家武装力量5大军种（陆军、海军、空军、国土防空军、战略火箭军）之一。苏、德战争爆发时，苏联国土防空军虽然还没有成为独立的军种，但就其使命、任务和战斗编成来说，它已经在苏联红军中占据了重要的地位，成为苏联军事力量的一个组成部分。战争开始阶段有3个防空军、2个防空师、9个对空情报勤务团、35个独立对空情报勤务营，兵力近19万人。从空军编制中拨出40个歼击航空兵团，飞机1500余架，担任国土防空任务。战争期间，国土防空部队得到很大发展。在改进武器装备质量的同时，苏联政府采取各种有力措施，不断增加其数量。到战争结束时，防空歼击航空兵发展到4个军、24个歼击航空兵师，装备约3200架歼击机，与战争开始时相比增加了1.7倍，中口径高射炮增加近2倍，小口径高射炮增加25倍。

第二次世界大战后，苏联对完善对空防御给予高度重视。到1952年，防空歼击航空兵换装了喷气式飞机，高射炮兵装备了新式57100130毫米口径高炮，对空情报站装备п—3、п—3A型雷达。同时，防空部队的组织编

制和指挥体制也不断完善。1946年2月，重设防空部队司令员职务，受苏联炮兵司令员领导。1948年，国土防空军成为与陆军、海军、空军平行的独立军种。防空军开始逐步建立全国统一的指挥系统。1954年5月，设立防空军总司令，苏联元帅戈沃罗夫为第一任总司令。从1952年起，苏联国土防空军开始装备地空导弹，于是在其编成内出现一个新兵种防空导弹兵。防空歼击机也开始装备携带空空导弹的超音速截击机。20世纪50年代中期，苏联针对美国装备战略核轰炸机作出了反应，对防空军提出新的要求，其防空军进入了发展的新时期。到20世纪50年代末至60年代初，由于装备了新一代飞机和经过改进的SA—2型地空导弹，苏联防空军的技术装备得到进一步改善。

波兰空军。第二次世界大战后期，波兰工人党在苏联帮助下建立了波兰人民共和国以后，依靠苏联的援助，以波兰第一航空兵师为基础，建立了波兰人民空军，由原航空兵师师长、苏联空军上校罗米伊柯出任司令。波兰国防部1944年10月开办的联合军事航空学校培训的飞行人员和在苏联培训的人员一起，构成波兰人民军空军

米格—17

的核心力量。1950年，作战兵力有6个歼击航空兵团，每个团2~3个大队，每个大队有10~20架飞机；4个强击航空兵团；2个轻型轰炸机团及部分运输保障部队，总兵力约2万人，拥有作战飞机300~400架。到1958年，拥有1个轻型轰炸机师，辖3个团，装备80架伊尔—28型轰炸机；6个歼击师（其中1个隶属海军航空兵），共15个团，装备400架米格—巧和米格—17型歼击机；3个强击师，共9个团，装备30。架伊尔—10和米格—15型飞机。总兵力达到2.5万~3万人，约800架作战飞机。

捷克斯洛伐克空军于1945年8月16日重新建立，由在第二次世界大战期间流亡到英国的飞行人员与在苏联组建的航空兵团合并而成，首任空军司令是K·捷诺赛克少将。组建初期，每个航空兵团都是由战斗机联队、轰炸机联队和侦察机联队组成。同时还组建了一所军事飞行学校和一所空军军官学院。1948年，捷克斯洛伐克共产党执政，军事进行改组，按苏联空军模式建设空军，换装苏式飞机。到1954年，捷空军编有9个作战飞行团，其中有5个歼击团，每团编3个大队，装备30架米格—15型飞机；3个强击团，装备伊尔—10型飞机；1个轰炸团，装备伊尔—28型飞机。共拥有各型飞机600多架，其中一线作战飞机有300架。捷克斯洛伐克航空工业较发达，使其空军规模迅速扩大，1958年以前兵力已达2.6万人，飞机1500架，其中一线作战飞机达800余架，全部是苏联提供或本国生产的苏式米格—15、米格—17、米格r—19、伊尔—28等型飞机。

保加利亚空军防空军。第二次世界大战期间，保加利亚参加轴心国联盟，拥有8个团的保加利亚空军得到德国200多架飞机的援助。1944年9月5日，苏联对保宣战，9日保加利亚同意停战，根据和约条款，保空军限制在5000人，飞机不得超过90架。1944年苏军进驻保加利亚境内后，保加利亚共产党领导人民武装起义，建立了保加利亚人民军，苏联向其提供飞机。1954年开始，苏联提供米格—15型歼击机，装备了2个团和1个大队，提供伊尔—10型强击机装备1个强击团。1956年底有飞机150架左右，人员总数约1.4万人。20世纪50年代末成为独立军种。

罗马尼亚空军。1944年10月25日，罗马尼亚全国解放，在苏联帮助下，以由罗马尼亚人组成的苏联空军师为基础，组建了罗马尼亚社会主义共和国空军。到1949年苏联开始向罗提供雅克—9型歼击机和波—2、乌特—2型教练机，替换了第二次世界大战时期的陈旧飞机。从1951年开始，罗马尼亚空军大规模发展，1953年开始装备米格—15型歼击机，到1955年兵力达2万人，一线作战飞机350架，编成3个歼击团、2个强击团、1个运输机大队和几个保卫特殊目标的独立大队。装备米格—15、伊尔—10、里—2、容克—52/3M、亨克尔—111等型飞机。1956年，又补充了米—4型直升机、伊尔卜28型轰炸机、米格—17型歼击机和安—2型运输机。1958

年，取消强击机团，装备一个伊尔—28轻型轰炸机团，并在相当多的中队中装备米格—17型昼间截击机和全天候截击机。

匈牙利空军。第二次世界大战中，匈牙利参加了轴心国。1945年，匈牙利空军被苏联消灭。1946年2月1日，匈牙利建立人民共和国，成立了民主军。1948年匈牙利共产党夺取政权后对民主军改组，9月27日，成立匈牙利人民军。在苏联的帮助下，从1951年开始扩充空军，到1953年底已拥有275架飞机，歼击部队装备米格—巧型飞机。到1956年10月，兵力已达2.5万～3万人，有各型飞机700余架。1956年发生"十月事件"后，在苏联的干涉下，匈牙利空军被迫解散。1957年，在苏联的监督下，重新组建了匈牙利空军。

民主德国空军。第二次世界大战结束后，德国的苏联占领区建立了德意志民主共和国（民主德国）。1950年3月，民主德国在苏联的帮助下建立一支小规模的人民警察航空队，下设5个指挥部，装备苏制波—2、雅克—18等型飞机和少量的Fi156c斯托尔希式飞机，航空队人员包括在苏联受过政治教育的前德国空军人员，司令是斯大林格勒战役之后参加过"自由德国"委员会的前希特勒国防军军官汉斯·凯斯勒少将，参谋长为前德国空军汉·右恩少将。从1952年9月起，有250～300名航空队飞行员到苏联和捷克受训。1953年以后相继建立了3个按军队方式组织起来的航空俱乐部，成立航空俱乐部管理局，每个俱乐部有3个联队，每个联队有3个中队，每中队有10架飞机。1956年底，人民警察航空队与航空俱乐部管理局合并建立了空军。1957年，苏联向其提供米格r—15型歼击机和乌米格—15型教练机。到1958年民主德国空军兵力达1万人，有200多架各型飞机，其中半数是米格—15、米格—17型和乌米格—15型飞机。

阿尔巴尼亚空军。1946年8月7日，阿尔巴尼亚社会主义人民共和国成立。在苏联帮助下，1948年阿利用苏联赠送的12架雅克—3型单座歼击机组建了第一个歼击机大队，建立了空军。阿尔巴尼亚参加华沙条约后，在苏联援助下，空军建设规模逐渐扩大，装备也不断更新。

南斯拉夫空军。1945年11月，南斯拉夫社会主义联邦共和国成立，南斯拉人成为社会主义阵营的成员。1948年，由于南、苏关系破裂，因而南

斯拉夫后来既未参加"华约",也未参加"北约"。战后初期,南空军是按苏联空军的模式建设的,它虽是独立军种,但须服从陆军和海军的需要。其编制为空军军、师、团和大队。到1947年已拥有1万人的兵力和40个作战大队,装备的是苏制雅克—3、雅克—9型歼击机,伊尔—2、伊尔—10型强击机,别—2型轻型轰炸机,里—2、希契—2型运输机,以及乌特—2和波—2型教练机。当时南空军是巴尔干地区最强大的空军。南斯拉夫与苏联的关系破裂后,飞机、备件及燃料来源全被切断,从1949年起,南斯拉夫开始接受西方军事援助。20世纪50年代前期,南空军开始用美、英制飞机替换苏制飞机。到1958年,其第一线兵力约有550架飞机,其中有400架F—84、F—86E和RT—33A型飞机和150架"蚊"式和"雷电"式飞机。编有2个军,共辖1个轰炸机师和2个歼击机和强击机师、2个截击师。每个军编配1个侦察歼击机团。此外还有1个飞行训练军,并设有几个航空学校。南空军还设一所空军技术学院,培训各级空军技术军官。1956年,南、苏和解。南斯拉夫空军从20世纪50年代末开始接受苏联的装备技术援助。

亚太地区一些国家空军发展情况

日本空军。1945年8月,日本宣布无条件投降。8月20日,载有日本投降全权代表团的"吞兔"式飞机结束了日本军事航空的最后一次飞行,日本空军消亡。1950年6月,日本民间航空活动复苏。由于朝鲜战争的爆发,作为联合国军和美国的战略基地的日本,其国际地位突然提高,日、美政府积极复活日本武装力量。当年8月10日,日本成立国民警察预备队。1952年10月,在由国民警察预备队改称的保安队中筹建航空学校,第二年初开始进行飞行训练。1954年2月,保安厅成立航空装备室,具体筹划建立空军事宜。1954年7月10日,保安厅改称防卫厅,新建航空自卫队,设立航空自卫队参谋部,日本空军诞生。根据日本"陆、海、空三军平衡发展"的指导方针,日本空军积极接受美军装备,组建部队,培训空、地勤人员。至1957年末,先后组建了第1、2、34航空团及其指挥机构——航空集团司令部,拥有2.26万人和780多架飞机。在第一线的北海道部署了F—86型歼击机。

根据 1957 年 5 月通过的"国防基本方针"，1958 年 4 月，日军开始执行第一期防卫力量发展计划（1958～1961 年），空军得到重点发展。1958 年 8 月，航空集团改编为航空总队，航空集团司令部改称航空总队司令部。在执行计划期间，日本空军先后成立了北部、中部和西部航空方面队，新建第 567 航空团，组建了装备 RF—86 型飞机的侦察航空队，飞机总数达到 1115 架。在原机务通信学校的基础上扩建 3 所技术学校，将航空管制气象群扩编为团。按照日、美协定，接管了美军在日本（不含冲绳）的所有 24 个雷达站及大部分美空军基地，将原北部、中部和西部的 3 个航空管制群扩编为团。这期间，日本空军由打基础进入担负作战任务，部队由单纯训练变为作训并重，有 4 个航空团及 24 个雷达站担负防空作战任务。1961 年日本空军首次组织全日本范围的大规模防空演习，出动飞机 200 余架，显示了日本空军已具有作战能力。

苏—35 型歼击机

菲律宾空军。第二次世界大战前菲律宾是美国的殖民地。1936 年美国帮助菲律宾建立了陆军航空队，后又成立了一所航校。1941 年菲律宾陆军航空队编入美国远东军。战后，美军将一些 P—51 型"野马"式歼击机和 C—47 型运输机移交给菲律宾，帮助菲恢复陆军航空队。1946 年 7 月 4 日，菲律宾宣布独立后，相继组建了海军和空军。1950 年 12 月，菲律宾空军正式成为独立军种，根据美、菲共同防御协定以及美、菲军事基地协定和美、菲军事援助协定，菲律宾空军不断得到美国的军事援助。20 世纪 50 年代末，进行 F—86 型飞机改装。

澳大利亚空军。战后，澳大利亚空军缩编，定额为 1.5 万人，辖若干个航空联队和地区司令部。1945 年第 81 联队作为同盟国占领军被派驻日本。

1948年派出运输机中队支援英国空军，参加柏林空运。1950年7月，派出第77战斗机中队参加朝鲜战争。20世纪50年代，澳大利亚空军的主要作战飞机是F—86"佩刀"式、"吸血鬼"式和"堪培拉"式。这些飞机除少数原型机从国外购置外，大部分由本国仿制生产。20世纪60年代从法国引进了"幻影"型飞机。在美、英、法、意等国支援和帮助下，澳大利亚空军成为一支现代化程度较高的地区性空中力量。

新西兰空军。第二次世界大战后，新西兰空军进行了缩编。定额为4000人，编成5个现役航空兵中队，另有4个预备役中队，协助美国参加过镇压东南亚和中东的民族解放运动。第二次世界大战后初期，其主要装备是美国提供的P—51"野马"式歼击机和英国提供的"蚊"式轰炸机。后来进行喷气式飞机改装，主要装备是"堪培拉"式轰炸机和A—4"天鹰"式攻击机。20世纪60年代以后，新西兰空军兵力基本上稳定在4000余人，各种飞机100余架。

泰国空军。泰国空军是1914年5月创建的，1935年4月成为独立军种，编成5个飞行大队。因泰原称"逞逻"，其空军称"逞逻皇家空军"。1939年10月，逞逻改称泰国，其空军改称"泰国皇家空军"。1941年太平洋战争爆发后，泰国投降日本，并对英、美宣战，日本向泰国空军提供了装备。战争结束时，泰国空军陷于瘫痪状态。第二次世界大战后，泰国在英国援助下准备重建空军，由于后来美国排斥英国在泰国的势力，加之泰国本身财力溃乏，工业落后，重建目的未能达到，直到1949年仅有200架左右飞机。1950年以后，泰国在美国扶持下，再次重建空军。1953年泰国成立了战术空军司令部。20世纪50年代中期至60年代初，泰国空军进入发展新时期，空军技术装备逐年更新。从1956年起，陆续增加了美国的喷气式战斗机和教练机。1960年，根据泰、美5年军事援助计划，泰国进一步得到美国提供的飞机、导弹和火箭等武器，泰国空军的装备基本美式化。到1964年，泰国空军拥有各型飞机500余架，其中作战飞机130架，编为7个混成大队，兵力2.5万人。印度和巴基斯坦空军。1947年6月，根据英国"蒙巴顿方案"，印、巴分治，同年8月，印度和巴基斯坦分别独立，原印度空军一分为二。印度分得7个战斗机中队、1个运输机中队，从英国人手

里接收各型旧飞机200余架。巴基斯坦分得2个战斗机中队和1个运输机中队，巴基斯坦空军同时宣告成立，有35架"风暴"型歼击机、2架运输机、20架"哈佛"式高级教练机、16架"虎蛾"式初级教练机、10架联络和炮校机，有220名军官和2112名军士。

印度空军陆续建立了3所空军学院、1所技术训练学院、3所地面训练学校，加强了各类人员的正规训练。原有的两个大队分别升格为作战司令部和训练司令部，统归新成立的空军总部指挥。1954年4月1日，印度空军正式从英国人手中接过指挥权，由在英国受过训练的慕克吉提任印度空军司令兼参谋长。1959年，印度政府决定进一步加强国防力量，空军开始扩编部队。1960年，苏联开始向印度空军提供援助。1962年印度空军进一步获得苏联和美国的装备，实力有了较大发展。从原来的23个中队扩编为45个中队。重新组建高级指挥控制系统，除作战、训练两个司令部外，又成立了保养司令部。在全国建立地区空军司令部，即西部、中部和东部空军司令部，后来又建立了南部和西南部空军司令部。

巴基斯坦空军建立之初，各方面均依赖英国，空军司令及任要职的军官都由英国派出，1957年7月，空军指挥权才由巴基斯坦人接管。根据1954年巴、美共同防御互助同盟条约，巴基斯坦空军开始接受美国喷气式战斗轰炸机和高级教练机。1956年底，第一批F—86型战斗机和T—33A型喷气教练机抵巴。到20世纪60年代初美军援助计划全部实现时，巴空军已拥有战斗轰炸机、轻型轰炸机和截击机中队10个，还有1个战术侦察小队。

导弹核战略阶段的空军

武器装备系统的发展，对军事战略思想的影响是十分显著的。恩格斯曾经指出："一旦技术上的进步可以用于军事目的并且已经用于军事目的，它们便立即几乎强制地，而且往往是违反指挥官的意志而引起作战方式上的改变甚至变革。"当核武器登上战争舞台以后，深刻地推动了军事领域的变革，从军事战略到军事理论，从武器装备到作战样式，从编制体制到人员素质，都发生了一系列改变。导弹、制导炸弹、火控设备和电子对抗设备的出现，以及先进的航行驾驶、隐形效果的提高，使空军的战斗样式和方法发生了令人瞩目的变化，空中力量已成为战略核力量的三大支柱之一，成了战争中不可缺少的军种。空军建设步入了新的发展阶段——导弹核战略阶段。

导弹核武器产生

导弹核武器的产生和发展，成为各国军事战略上考虑的重要因素，引起军事战略理论的变化，为各国军事战略的调整奠定了物质基础和理论基础。由此而发生的军事战略的演变，对空军的发展建设和作战使用都产生了很大影响。

导弹核武器的发展

随着核裂变的研究和发现，从20世纪40年代就出现了具有大规模杀伤破坏力的核武器。美国是世界上第一个拥有核武器的国家，后来苏联也赶

了上来。美、苏两国对原子弹和氢弹的研制成功，把世界推向了核武器的舞台。英国、法国和中国，也先后拥有了核武器。一些具有一定核工业基础和经济实力的国家，也在悄悄地进行核武器的研制工作。进入20世纪80年代，导弹核武器进入了一个新的发展时期，其数量之多、品种之全都是前所未有的。从核爆炸结构原理上看，有原子弹、氢弹、中子弹及冲击波弹等等。从作战使用范围上看，有战略核武器和战术核武器两大类。从运载工具上看，有用多辆特种车辆才能运载的洲际导弹和单兵使用的防空导弹、反坦克导弹，真是应有尽有。自20世纪40年代的第一次核试验至80年代初的40年间，导弹核武器家族已经以惊人的速度发展到了第4代。

导弹核武器是从20世纪40年代至50年代末发展起来的，主要标志是战略导弹和防空导弹。第二次世界大战结束后不久，美国和苏联就开始了核武器竞赛。1949年8月20日，苏联第一颗原子弹试爆成功，打破了美国的核垄断。1952年10月和1953年8月，美国和苏联分别试验了第一个氢弹装置，在核武库中又出现了原子武器的新类型即热核武器。苏、美两国在核武器的发展上竞争更为激烈。到20世纪50年代中期，就初步形成了由陆基战略弹道导弹、潜射战略弹道导弹和战略轰炸机组成的"三位一体"的战略核力量。其后又致力于核力量现代化，使"三位一体"战略核打击力量进一步加强。

第一代战略核导弹，由美国的"雷神""丘比特""字宙神"、"大力神Ⅰ"，苏联的SS—3、SS—6等组成。其特点是均为液体燃料火箭。这一代导弹存在的主要问题是无突防能力，导弹系统在地面存放和发射，地面设备复杂，导弹所使用的液体推进剂只能在发射前临时注入，准备时间长，生存能力弱，命中精度低，可靠性差。圆公算偏差为3～8千米，弹头也比较笨重，重量都在1吨以上，只有大型战略轰炸机才能运载。第二代战略核导弹是20世纪50年代末至60年代中期在第一代导弹基础上发展起来的。由美国的"民兵"1、"北极星"系列导弹和苏联的PT—2、P—36、YP—100等组成。其特点是提高了战略导弹的生存能力，陆基导弹由地面发射改为地下井发射，潜射导弹由水面发射改为水下发射。导弹的推进剂由液体燃料改为固体火箭燃料，弹头逐步向小型化发展，重量由吨级降为几百千克，威力降为百万吨以下，命中精度也有了提高。这个时期，美、苏都发展了集束多

弹头潜射导弹。采用集束多弹头，为发展独立分导技术迈出了第一步。

第三代战略核导弹是在 20 世纪 60 年代中期和 70 年代出现的。主要由美国的陆基民兵 I、潜基海神和苏联的陆基 SS—955、N55—13、潜基 55—N—6 等组成。这一时期，导弹的发展有新的突破，主要特点是进一步小型化，采用独立分导式多弹头，大大提高了突防能力，改进了制导系统，由导弹独立追踪目标，命中精度进一步提高。

第四代战略核导弹是 20 世纪 70 年代中期开始研制，到 80 年代陆续部署的。主要由美国的陆基 Mx、机动"侏儒"弹道导弹，潜基的"三叉戟" I（C—4）、"三叉戟" I（D—5）和苏联的陆基 55—1755—1555—19 和潜基 55—N—1755—N—15 等组成。这一代导弹的特点是实现了弹头小型化，提高了突防能力和精度，增强了弹头的摧毁能力，并着手研制机动发射的陆基战略弹道导弹，如美国的"潘兴" I 导弹、苏联的毕—20 导弹等，均采用车载机动发射，具有比较有效的第二次核打击能力。

集束多弹头潜射导弹

在导弹核武器的发展方面，美、苏两国走过了基本相同的路程。苏联核武器研制工作起步比美国稍晚，但是到了 20 世纪 70 年代初双方的核力量已处于均势状态，直到 20 世纪 80 年代，仍维持这种均势状态。从双方在战略进攻系统和战略防御系统激烈竞争的势头来看，一方想明显超越另一方是很不容易的。

英国和法国是世界上第三和第四个拥有核武器的国家。英国于 1952 年 10 月 3 日，在澳大利亚成功地试爆了一枚钚 239 原子弹。1957 年 5 月 15

日，在南太平洋圣诞岛，一枚百万吨级当量的氢弹试爆成功。但是，英国的核装备主要是从美国购买的。法国于 1960～1961 年间试验成功 AN22 强化型原子弹。1964 年，开始研制出加强原子弹。1968 年又试验成功氢弹。到 1972 年，法国"三位一体"的战略核力量完成了部署。在世界核战略格局上，英、法两国的核力量都是对美国核力量的补充，从属于美国的对苏核战略。中国于 1964 和 1967 年，先后试验成功了原子弹和氢弹，是世界上第 5 个拥有核武器的国家。

导弹核武器经过 40 多年的发展，战略导弹及其多种运载、投射手段的迅速发展，已成为美、苏两国实现威慑、相互摧毁对方的有力工具，也是他们维持超级大国地位的主要支柱。战术导弹已成为战场上各种武器中射程最远、命中精度最高，杀伤能力最大也最难对其进行有效防御的一种武器。这就为形成新的军事战略观点和理论创造了物质基础。军事大国的军事战略，也因之而不断变化。这种战略上的变化对空军的发展建设产生了很大的影响。在越来越多的国家拥有导弹核武器的现代条件下，如何建设适应核战争的空军和如何使用空军进行核战争，成为各国都十分重视的研究课题。

苏联军事战略的演变及对其空军建设使用的影响

苏联极为重视将科技进步成就用于军事领域，优先发展火箭和宇航技术。20 世纪 50 年代中期以后，苏联武装力量开始装备火箭核武器。1960 年 1 月，苏联建立了战略火箭军，同时对武装力量的其他军种进行了调整。这一调整要求以导弹核武器和新的技术装备充实这些军种。同年 10 月，苏共第 22 次代表大会的总结报告指出："用导弹核技术重新装备苏联军队的工作，已全部完成。"从而为军队改革和军事战略的调整奠定了物质基础。

导弹核武器普遍装备部队，引起了苏联军队的组织结构、武器装备、军事理论、干部培养、部队训练和教育实践等方面的深刻变化，同时在军事思想上对战争准备和进行过程、时间与空间，以及战场在战争中的作用和意义、各军兵种的关系及其协同作战特点，对部队战斗准备要求等军事理论问题的概念发生了新的变化。军事科学深入地研究了军事技术因素对现代战争特点的影响，揭示导弹核战争特有的规律，由此而丰富了军事学说的内容。根据

这些研究成果，苏军急剧地飞跃式地向导弹核武器和与之相适应的作战方法过渡，苏联军事战略理论的发展进入了新的阶段。在导弹核武器系统形成之前，苏联仍沿用第二次世界大战期间以陆军为主体的诸兵种联合作战的战略。这种战略已不适应新时期发展了的情况，根本不能与美国实行的"大规模报复战略"抗衡。1960年1月14日，赫鲁晓夫在最高苏维埃会议上所作的报告，宣扬未来战争只能是火箭核战争，强调核武器在现代战争中具有决定性作用。赫鲁晓夫的这个报告，标志着苏联导弹核战略的产生。

勃列日涅夫上台后，调整了苏联的战略方针，对赫鲁晓夫的导弹核战略作了一系列重大修正，把发展火箭核武器同发展常规武器摆在同等重要的位置，提出了"积极进攻战略"。这种战略的突出特点是充分调动各种力量，利用各种条件，为实现总的战略目标和战略企图服务。在军事战略思想上，确立了既准备打核战争又准备打常规战争、局部战争的方针；在军事理论上，强调战略战役的进攻性，强调在军事力量上有压倒对方的优势；在军备发展方针上，主张各军种协

勃列日涅夫

调发展，坚持把发展核武器和常规武器有机地结合起来、全面发展的军备方针。贯彻和执行这些方针，使苏联军队的力量得到了全面、协调地发展。

从赫鲁晓夫时期到勃列日涅夫时期苏联军队战略的变化，即从"导弹核战略"发展到"积极进攻战略"，对空军建设和使用都产生了重大的影响。

对苏联空军的地位的影响

赫鲁晓夫时期把发展导弹核武器和战略火箭军放在最优先的地位，空军的地位和作用明显下降。在赫鲁晓夫推行"火箭核战略"要洲际导弹不要空军"的思想影响下，空军和其他军种成为只是为战略火箭军起辅助作

用的军种。这个时期，苏联认为导弹已成为一种射程更远、威力更大、效率更好的武器，最符合现代战争的要求，它能够有效地完成陆、海、空军的战略、战役和战术任务。洲际弹道导弹制导问题的解决，使其可以达到遥远的地区，而不需使用战略航空兵。这样，战略航空兵很快为洲际导弹和中程弹道导弹所代替，战略火箭军便成了夺取战略制空权的主力。勃列日涅夫确定"积极进攻战略"，提出了发展核力量和常规力量并重的思想之后，空军的发展，特别是轰炸机的发展重新被提到首位。轰炸机在战略部队的实力构成上，被看做战略武器的三大支柱之一，大大加快了研制和生产新型轰炸机的速度，空军的全面建设也得到了加强。

对空军的发展速度的影响

在导弹核战略时期，苏联认为军队已拥有最新式的武器装备，作战能力提高了，使开始大量削减常规兵员，大量减少常规武器的生产。1960年1月，苏联决定裁减常规兵员120万人，并因此而解散了一定数量的部队、军事院校。空军的发展受到严重削弱。中、远程轰炸机的发展一度处于停滞状态，不少轰炸机部队被取消。前线航空兵实力明显下降，大批飞行员转业，飞机的生产数量被削减。1960～1964年，空军总人数由70万人减为51万人。远程航空兵和前线航空兵的飞机数量都在不断减少，尤以前线航空兵的歼击机数量减少最为明显。1955年，歼击机的数量为9600架，到1960年减少了半数以上，只剩下4000架，后来又减少了800架。从现代化进程看，机型的更新换代步伐缓慢。轰炸机自20世纪50年代中期至60年代中期的10余年间，部队只装备了米亚—4型远程轰炸机和图—22A型超音速轰炸机两种新型轰炸机，而且数量很少，总共只有140架。歼击机的新机型发展也不多，到1965年，第二代歼击机只有米格—21、苏7和雅克—28三种型号。

20世纪60年代中期以后，按照"积极进攻战略"的要求，苏联空军装备的全面现代化步伐又开始加快。空军在发展携带导弹的洲际飞机的同时，加紧了对新型歼击机的研制，以提高前线航空兵的作战能力。到20世纪70年代中期，苏联研制出新型轰炸机图—22M，原有各型轰炸机开始走向系列化，图—19重型轰炸机发展了B、C、D、E、F型，图—22中程轰炸机发

展了B、C、D型。20世纪80年代,又装备了图—160型轰炸机,提高了综合作战能力。前线航空兵不仅歼击机的数量开始回升,机种的结构也开始发生变化,从装备单纯的防空歼击机向多用途歼击机的方向转变,还进一步发展了歼击轰炸机。1971年~1975年,先后装备了米格—23、米格—27、米格—25P、苏—17、苏—24等新型飞机。这些飞机大部分能携带核武器。机载战术空对地武器也有新发展。苏—24和米格—27型飞机均采用激光测距,加装了地形跟踪雷达,并改进电子对抗设备增强电子对抗能力。20世纪80年代,又装备了米格—29型歼击机和苏—27型截击机,作战能力有很大提高。远程航空兵从战略突击的辅助力量变为战略进攻的主要力量,前线航空兵由以前沿防空为主转变为以实施空中进攻为主的力量。与此同时,苏联还竭力加强空运能力,以满足远程空运重型装备和大量兵员的需要。自20世纪60年代以来,在战术运输机的基础上,苏联还积极研制大型战略运输机。1967年,开始装备安—22大型运输机,20世纪70年代中期,开始装备伊尔—76型运输机。为适应各种作战条件的要求,还研制了供高原地区使用的短距起降运输机安—32和技术更为先进的安—72型飞机。自1970年以来,运输航空兵的数量虽有所减少,但空运能力却增长了1/3以上。20世纪80年代,苏联空军又装备了安—124重型远程运输机,该机可载345名全副武装的士兵,用于运输苏联目前最重的坦克及其他重型武器装备,并可空运全套SS—20中程导弹系统,最大载重时航程达4600千米。该机装备部队后,苏联空军的空中战略机动和运输能力又有了很大提高。此外,苏联还特别重视武装直升机的发展,武装直升机的数量增长较快。最初是在米—2、米—4、米—8等型直升机上加装各种武器,使之成为武装直升机。20世纪70年代中期,新型多用途武装直升机大量装备部队。1987年,米—28型战斗直升机装备部队。苏联的直升机部队不仅起着支援保障作用,而且是一支富有进攻性的作战部队。

美国军事战略的演变及对其空军建设使用的影响

1953年,美国依仗其核优势,提出了"大规模报复"的核战略。但是从20世纪50年代末到60年代,苏联的核力量有了长足的发展,对美国本

土已经构成了现实的威胁。这使美、苏两国的战略力量对比大体趋向均衡。美国丧失了核优势地位，"大规模报复"战略所依仗的核优势的基础已经动摇。实际上，这种战略不仅对苏联无法推行，即使对20世纪50年代以来爆发的多次局部战争也没有发挥过作用。

随着军事科学技术和核武器的发展，特别是随着美、苏两国军事力量对比的变化，美国的军事战略也在不断地随之调整。由于苏联核打击力量已具备袭击美国本土的能力，加之亚、非、拉人民革命斗争蓬勃发展，美国既不敢动用核武器，又无力打有限战争。艾森豪威尔政府推行的"大规模报复"战略已不能适应新的世界形势。1959年，美国陆军参谋长泰勒上将在《不定的号角》一书中公开抨击"大规模报复战略是一种既不敢打大战，又不敢打小战的战略"，提出了以"灵活反应战略"，代替"大规模报复战略"的主张。这个主张就是以核力量为"盾"，以常规部队为"剑"，建立一支"多样化"的军事力量，准备进行多种类型的战争，侧重准备打有限战争和特种战争。泰勒的这一主张被后来的肯尼迪总统采纳。肯尼迪又吸取了美国赫尔曼·康恩在《论逐步升级》一书提出的"逐步升级"的理论，便形成了取代"大规模报复战略"的"灵活反应战略"。1962年，这个战略正式成为肯尼迪政府和约翰逊政府时期的军事战略。因此，这个时期在继续发展战略核武器的同时，加强了常规部队的实力和现代化装备。推行这个战略的结果，使美国在世界一些地区承担着沉重的军事负担，政治上和军事上也都陷入了困境。特别是美国在侵越战争中泥足深陷，先后投入兵力达260万人，耗资1460亿美元，不仅没能改变越南战场态势，还导致美国军事战略严重失调，削弱了美国在欧洲的军事力量。

进入20世纪70年代以后，美国在总结越南战争经验教训的基础上，调整全球军事部署，力图摆脱被动处境，又提出了"现实威慑战略"。这个战略主张由战略核部队、战术核部队和常规部队构成威慑力量的三大支柱，三者互相配合，以取得所谓总体威慑。尼克松、福特、卡特三届政府执政时期，推行的都是这一军事战略。20世纪80年代，里根政府对美国70年代的军事战略做了较大的调整，摒弃了某些过时的战略思想，根据苏联威胁的增长，采取了与苏联全面对抗的强硬政策，奉行了一种"新灵活反应

战略"。主张采取灵活反击的对苏作战方针，遏制苏联在全球范围的扩张；改变打短期战争的设想，准备同苏联打长期战争，在持久战中获胜；对低强度冲突采取袭击和速战速决的打法，不打则已，打则必胜。从20世纪50年代末至80年代初的20多年间，美国从改善其全球战略地位和谋求战略利益出发，灵活地调整了军事战略。军事战略决定着军队建设方针。这些不同的军事战略，对美国空军的建设都产生了很大的影响，20世纪50年代末期以来，美国空军的发展建设基本上随着美国军事战略的变化而变化。

"大规模报复战略"对美国空军建设、使用的影响

在"大规模报复战略"的思想指导下，艾森豪威尔政府改变了杜鲁门政府的"三军平衡发展"的原则，大力压缩陆军，采取一系列措施，重点发展空军和核武器。艾森豪威尔执政8年期间，美国陆、海、空三军的兵力和军费比例发生了很大变化。1952年6月至1960年6月，以陆、空军兵力和军费的变化为例，就能看出艾森豪威尔政府为积极发展空军做出的努力。在8年中，陆军在三军总兵力中的比例由43%下降到35.2%，军费由157亿美元下降到93.5亿美元，军费比例

美国第一代洲际导弹

由41%下降到23%。而空军在三军总兵力中的比例增加最多，由24.7%增加到32.9%，空军军费由1952年财政年度的127.4亿美元猛增至1960年财政年度的189.3亿美元，其比重由33.2%上升到48%，几乎相当于陆、海军军费的总和。

艾森豪威尔政府在积极发展空军的同时，大力发展导弹核武器，不仅大幅度增加导弹采购费用，还大幅度削减了三军现役兵力，扩大后备役人

员，以便将更多的军费用于发展导弹核武器。1953年，美国制成了氢弹，1957年底，完成了"宇宙神"洲际导弹试射计划，1959年开始部署第一代洲际导弹。到1960年，美国拥有约3.5万个核弹头，陆、海、空三军都陆续装备了导弹核武器，改变了杜鲁门政府时期只有空军有导弹核武器的状况。空军中的战略空军装备了"斯纳克"、"宇宙神"远程战略导弹和"丘比特"、"雷神"中程导弹，战略轰炸机装备了空对地导弹。战术空军装备了"响尾蛇"、"猎鹰"，和"巨鼠"等空对空导弹。空军建设得到全面发展，战斗力明显增强。

"灵活反应战略"对美国空军建设、使用的影响

肯尼迪、约翰逊政府时期，在"灵活反应战略"思想指导下，否定了艾森豪威尔政府突出发展导弹核武器，忽视常规力量、压缩陆军的做法，主张建设一支用核武器和常规武器装备起来的军队，以便能够进行广泛的军事活动，既能打核战争，也能打常规战争，既能打全面战争，也能打有限战争和特种战争。因此，在重点建立一支空前强大的陆军部队的同时，也重视发展海、空军和核攻击力量。这一时期，美国仍把战略轰炸机的发展放在重要位置，用于发展战略轰炸机的费用在"三位一体"的战略核力量中所占的比重最高，加快了战略轰炸机的更新换代，改进了轰炸机技术装备。逐步将850余架B—47型轰炸机全部淘汰，继续使用和改进性能良好的B—52型轰炸机，并开始生产FB—111型可变翼中程超音速战略轰炸机。该机可用于常规和核轰炸，以高空高速和低空高速、对目标进行核轰炸或发射近距攻击导弹。到20世纪60年代末期，美国拥有的战略轰炸机数量已达400架左右，远远超过苏联。为了进行核战争准备，美国积极发展以战略导弹为主体的核攻击力量，主张增加导弹的数量并提高质量，保持对苏联的战略优势，拥有压倒苏联的核打击力量。1961~1968年，美国战略导弹数量由159枚增到1710枚，其中，洲际导弹由63枚增至1054枚，潜射导弹由96枚增至656枚。为了提高导弹的质量，美国着重发展隐蔽性和可靠性较好的"民兵"Ⅰ和"北极星"A3导弹，隐蔽性差、发射速度较慢的"宇宙神"、"大力神"Ⅰ导弹被陆续淘汰。20世纪60年代后期，美国又开

始研制和试射"民兵"Ⅰ和"海神"多弹头战略导弹,大大加强了战略进攻部队。战略空军为了既能打核大战又能打常规战争,从1964年开始,将B—52D/E/F型轰炸机改载常规炸弹,并参与了越南战争。战术空军制定了1962~1965年4年发展计划,将其原有的16个飞行联队增加到24个飞行联队。此外,这一时期,美国为了推行"特种战争"计划,建立了负责特种战争的组织指挥机构和"特种部队"。陆、海、空三军分别组建了"特种部队"。空军"特种部队"组建于1965年,共6个空中突击中队,约3000人。

"现实威慑战略"对美国空军建设、使用的影响

尼克松、福特和卡特三届政府时期,根据其推行"现实威慑战略"的需要,在军队建设上,主张以战略核部队为基础,以战区核部队为战区常规部队的后盾,组成"三位一体"的"威慑力量",着重提高部队现代化程度,以与苏联相抗衡。为此,继续改进了"三位一体"的战略武器系统,提高常规部队的现代化程度,加强空运部队建设,提高空运能力。

改进"三位一体"的战略武器系统

20世纪70年代,美国把陆基洲际导弹、潜地弹道导弹和战略轰炸机组成的"三位一体"的战略核力量,作为美国武装力量的基础和保持美国战略态势的主要手段,不断对"三位一体"战略武器系统进行了改进。主要是加固地下发射井以提高洲际导弹的生存能力,并采取多种措施,提高其打击目标的能力和突防能力。加固后的"民兵"导弹地下井的抗压强度达到70千克/平方厘米,"民兵",型导弹改装MK—12A型弹头,Mx型机动导弹的研制取得较大进展。完成了"北极星"潜艇改装为"海神"潜艇的计划,"海神"潜艇换装"三叉戟"Ⅰ导弹工程有了新的进展,并开始研制"三叉戟"Ⅰ型导弹和新型MK—500机动弹头。对B—52重型轰炸机的机体结构、轰炸和导航设备等进行了一系列改进,延长了飞机的寿命,提高了突防、生存能力,同时,着手对120架B—52G和B—52H型飞机进行改装,使之能携带空中发射的巡航导弹。

在改进战略武器系统的同时,美国对战术核武器的发展也很重视,强调提高质量,主要是提高精度和小型化。到1978年,美国战区核部队已拥有202万枚战术核弹头。

提高常规部队的现代化程度。20世纪70年代,美国在常规部队建设上,采取削减兵力,更新装备,提高常规部队现代化程度的方针,要求战术空军具备全面的军事灵活性,保持空中优势。空军侧重加速发展新式战术飞机,充实现有的战斗机和攻击机联队。到1980年,新型A—10攻击机中队增至9个,共180架,F—16型战斗机中队扩充到3个,共72架,E—3A的空中警戒与控制机增至20架。完善了组织编制,从组织上调整了空运力量,加紧生产空中加油机。这样,大大提高了调动增援兵力的速度,增强了空运能力。但是由于旷日持久的越南战争加速了美国的经济危机,美军为了节省军费开支,从1969年开始,不得不进行大缩减。空军的缩减措施主要是精简上层,大砍中层,充实基层,提高向海外机动的速度。

里根政府执政以后,力图利用雄厚的经济技术力量,重新取得对苏联的军事优势。主张全面扩充军备,建设一支既有威慑作用,又有实战能力的武装力量。为此,全力推行了一整套"重整军备"的方针:加强和平时期国防机构和军队指挥体制的改革,保持高额军费,提高武器装备费的比重;突出研究先进军事技术,促进武器装备的发展;加紧发展太空武器,大力落实"战略防御计划";强调战略核力量的现代化建设,保持"三位一体"战略核武器的质量优势;全面发展三军常规部队,重视后备役部队建设;增强快速反应和对付中、小规模战争的能力;加强动员准备,提高持久作战能力,等等。里根政府推行"重整军备"方针反映在空军的发展建设上,主要是:

第一,加紧发展太空武器。为了推行战略防御计划,空军于1982年9月,建立了组织太空活动的领导机构——空军航天司令部,统一领导空军所辖的13个负责太空活动的单位,研究和发展美国的太空战略。虽然1986年美国太空军事活动受挫,"挑战者"号航天飞机升空1分钟后突然爆炸,7名宇航员全部遇难;"大力神—34D"和"三角式"助推火箭又先后在发射升空后爆炸,太空军事活动被迫放慢步伐。但是,发展军用卫星和航天

飞机，发展太空定向武器、陆基反导弹和机载反卫星导弹等都有新的进展，高能激光研究和高纯度激光镜研制方面已经取得重大突破。在大气层反导弹方面，已有一枚改进型"爱国者"防空导弹在试验中成功地拦截并击毁了一枚战术导弹，到1986年，已经进行了5次F—15机载反卫星导弹发射试验。培养航天作战指挥参谋人才和航天专业军官的工作也开始进行，以适应未来天战的需要。

第二，加强战略核力量的现代化建设，保持"三位一体"战略核武器的质量优势。里根政府执政以后，为了扭转20世纪70年代美、苏核力量对比对美不利的趋势，拨出巨款用于发展战略核武器，实施了加速完善和更新战略核武器的计划，以保持美国"三位一体"战略核力量在质量上的优势。为此，美国对战略核力量进行全面的更新换代。战略空军部队开始用Mx洲际弹道导弹、B—1B型战略轰炸机和"三叉戟"Ⅰ型潜射弹道导弹等新一代核武器逐步取代"大力神""民兵"洲际弹道导弹、B—52型战略轰炸机和"海神"潜射弹道导弹。到1986年，在改进后的"民兵"Ⅰ型导弹发射井内安装Mx导弹10枚，部署了"三叉戟"Ⅰ型潜艇，新一代Mx洲际导弹和广泛采用"隐形"技术的新型B—1B型轰炸机已投入使用。空军已装备了第一个B—1B型战略轰炸机中队，B—52G和H型轰炸机分别于1982年和1985年开始换装空射巡航导弹，到1986年底共改装了131架。这样，使美国战略核力量的进攻威力和生存能力都有了提高。此外，更先进的B—2型高技术隐形轰炸机的研制工作也于1986年全面展开。

第三，提高常规作战能力。在里根政府提出做好应付核战争准备的同时，又把侧重点放在准备打常规战争上。美国战术空军建设的重点是提高质量，用性能更加优越的飞机和武器装备部队，大大提高空战能力和支援作战能力。主要做法是组建部队，购买新武器，改进旧武器。在组建新部队方面，1982年，战术空军部队在韩国增驻一个A—10型攻击机中队；1984年7月在日本三泽空军基地成立了装备F—16型飞机的第432战术战斗机联队；1985年，组建了负责全球预警部队训练和作战指挥的第28空军师；1986年9月，又在韩国乌山基地成立第7航空队。在飞机装备方面，战术空军20世纪60年代装备的F—105、A—7型飞机已全部退出现役，驻

本土的截击机部队使用的 F—106 型飞机从 1982 年开始换装 F—15 型战术战斗机；驻海外空军部队装备的飞机也开始逐步用 F—15、F—16 型战斗机代替 F—4、F—5型飞机，并新装备了 EF—111 型电子战飞机。在机载武器方面，装备了先进的反雷达导弹、高级中程空对空导弹等，以使战术空军拥有数量充足、性能优越、武器精良的作战飞机。

第四，适应快速反应需要，提高战略空运能力。美国主要依靠空运迅速机动兵力。为了在最短时间内将部队和装备空运到全球任何一个作战地区，军事空运部队于 1983 年组建了第 23 航空队和第 2 空军师，负责空军的救援和特种部队的作战指挥和训练。从 1982 年开始，美国空军在加速研制 C—17 新型运输机的同时，对 C—141 型运输机进行了改装，使其运载能力提高 30％；对 C—5A 型运输机进行了改进，以延长其使用寿命；新装备了 50 架 C—5B 手口 KC—10 型运输机。到 20 世纪 80 年代末，美国空军的日空运量已达到 7700 万吨/千米。

快速发展的航空新技术和武器装备

美、苏两国从 20 世纪 50 年代末开始进行军备竞赛，到 60 年代，弹道导弹成为战略核威慑力量的基础。之后不久，美、苏之间陷入核僵局。从而迫使双方都不得不重新调整军事战略，由侧重准备打大战，转为侧重准备打局部战争和应付地区军事冲突与突发事件。美、苏两国军事战略的转变影响到其他国家的军事战略，成为各大国军事战略发展的普遍趋势。为适应这一战略转变，空军建设和作战指导思想都有了许多新变化，其作用、地位更加受到重视。世界各国都充分利用高度发展的科学技术成果，加速空军的发展速度，从而大大促进了航空新技术和武器装备的发展。

航空新技术的发展促进了飞机性能的改进

科学技术的发展是航空技术发展的物质基础。现代航空技术是高度综合性的现代科学技术，在一定程度上反映了现代主要高新技术的水平。

随着人类在科学技术方面的突飞猛进，许多科技新成果极大地促进了

航空技术的发展。特别是力学、热力学、微电子技术、自动控制、喷气推进、计算机、半导体技术、电磁对抗技术、精确制导技术、隐形技术、新材料、新工艺等，都极大地提高了航空技术水平。现代最新科技成果，广泛应用于航空技术领域，使飞机的作战性能即飞机的飞行性能、武器性能和电子设备性能都空前的提高了，新一代飞机的整机效能较之老一代飞机发生了质的变化。

改进飞机的飞行性能

20世纪50年代，第一代喷气式飞机出现在世界各大洲上空。这一代飞机的主要标志，是用涡轮喷气发动机代替了螺旋桨发动机，使飞机的飞行速度得以超过音速。这是现代军事航空史上具有划时代意义的重大事件。由于采用喷气发动机，应用了空气动力学发展所取得的后掠翼和面积律等一系列技术成果，使飞机实现了超音速飞行，高度达到1.5万米以上。在喷气式飞机中，发展最快的是歼击机，其速度首先突破了音障，同螺旋桨歼击机相比，速度提高了2倍。60年代以后，歼击机的飞行时速达到2~3倍音速，飞行高度已接近2万米，进入了超音速飞行时代。以后，出于战术上的选择和经济效益上的考虑，世界各国对超音速飞机不再单纯追求其飞行速度和飞行高度的逐年提高，而是把改进其机动性能放在了重要位置。出现这种变化的一个重要原因，是机载武器系统的威力增大，不仅能上射比自己高出几千米的目标，还能下射低空飞行的目标，并已具备了全天候、全方位、全高度和超视距空战的性能。因此，单纯要求飞机飞得快、飞得高，对现代作战飞机意义已经不大。轰炸机的发展情况，也与歼击机相类似。从其所担负的任务需要出发，越来越注重突出了低空超音速或超低空高亚音速的性能。

航程和续航时间逐步提高。各国为了提高作战飞机的航程和续航时间，普遍采用燃料消耗低的各种先进的发动机，应用变后掠翼技术等先进技术，使耗油率明显降低，航程明显增长。第三代歼击机的涡轮喷气发动机同第一代歼击机的涡轮喷气发动机相比，在飞机的载油系数变化不大的情况下，耗油率降低了30%~40%，歼击机不带副油箱的最大航程达2000千米，带副油箱时航程还可增加一倍。轰炸机的航程一般都达到了6000~1万千米，

有的轰炸机的最大航程已达 1.4 万千米。在使用了空中加油技术以后，航程又有了进一步增大。

增强作战飞机的机动能力。机动性是歼击机和歼击轰炸机的重要性能之一，主要是由飞机的推重比、翼载荷和机翼增升装置的效率决定的。为了增强现代作战飞机的机动能力，各国都采用了高推重比发动机，提高飞机的推重比和空战机动性能；采用机翼边条和前沿机动机翼，改善了大逆角机动性；

超低空高亚音速歼击机

使用碳硼复合材料降低飞机结构重量等一系列先进技术，大大增强了作战飞机的机动能力。从第三代超音速歼击机与第二代超音速歼击机的机动性能的比较中，可以清楚地看到采用先进技术的巨大作用。第二代超音速歼击机如米格—23、F—4 型飞机的推重比为 0.8 左右，而第三代超音速歼击机如米格—29、F—15 型飞机的推重比都为 1.13，较前一代提高了 40% 左右。由于推重比大，加速到最大 M 数的时间大大缩短，飞机的爬升率大大提高，为在空战中争取主动地位，夺得战术优势创造了条件。又如，第三代超音速歼击机的翼载荷比前一代飞机减小 20%～30%，具有突出的中低空机动性能。在 0.9 万米高空，按 M 数 0.9 时的最大持续过载来比较，F—16 型飞机可达 4.5G，比 F—4 型飞机的 2.25G 提高了 70%，F—16 型飞机不开加力就可使机动性能超过 F—4 型飞机开加力时的机动性能。

机载火控系统向综合化方向发展

机载火控系统主要包括机载雷达、电子计算机及显示瞄准部分，其性能直接关系到作战飞机的效能，在作战中占有重要的地位。20 世纪 60 年代以前，机载火控系统通常是按不同的作战使命来构思设计的。歼击机使用

歼击格斗雷达,强击机使用对地攻击雷达,轰炸机使用轰炸导航雷达。但是,由于科学技术和武器的发展,战术指导思想随之发生了变化,单一战术任务的火控系统开始逐步向综合方向发展。70年代以来,微电子技术突飞猛进地发展,带动了整个高科技的腾飞,对航空技术产生了极大的影响,使机载火控系统的发展进入了新的阶段。

机载雷达功能的发展。从20世纪70年代初开始,一些性能先进的机载雷达相继问世。美国1972年10月装备部队的F—14型飞机,所装的AWG—9火控雷达搜索距离达100千米,可同时跟踪4个目标;法国于1983年交付部队使用的"幻影"2000战斗机,初期截击型所装的RDM多功能多普勒雷达搜索距离100千米,以后改装了具有下视能力的RDI脉冲多普勒雷达,增大了搜索距离;苏联1983年装备部队的米格—29歼击机,装有脉冲多普勒火控雷达,搜索距离达100千米以上,跟踪距离达70千米以上,并具有下视下射能力。总之,这些机载雷达已由过去的测距、圆锥扫瞄、单脉冲的工作体制逐步向多普勒、合成孔径以及相控阵的体制前进。

由于雷达功能的发展,作战飞机的战术性能大大提高。火控雷达探测范围的扩大和跟踪角速度的提高,增强了作战飞机的全面、远距攻击能力和下视下射能力。随着固态微波器件、大规模集成电路和数字技术的广泛应用,使现代雷达具备了边跟踪边扫瞄的功能,给它配上自主制导式导弹,就能使作战飞机在空战中同时对付多个目标,充分发挥其作战能力。

电子计算机和平视显示器使机载火控系统面貌一新。20世纪70年代以来,微电子技术飞速发展,世界各国作战飞机普遍应用电子计算机、平视显示器,加强了机载火控系统,使机载火控系统进入了以软件控制、高速数字处理为中心的新阶段,开辟了通向多功能、跟踪多目标的道路。法国的"幻影"F.lc战斗机安装了CSF平视显示器、轰炸计算机和导航计算机;"超军旗"舰载攻击机安装了克鲁泽公司80型大气数据计算机和汤姆逊—CS、FVE—130平视显示器。美国的F—18A型舰载战斗机安装了AVK—14数字式计算机和多用途座舱显示设备;F—20型战斗机安装了固态数字式电子计算机和平视显示器;A—7E型攻击机安装了导航/武器投放电子计算机和AN/AvP平视显示器。英国的"鹞"式MKI垂直起降战斗机安装了大气

数据计算机和电子平视显示器。有了这些机载设备,就使很复杂的飞机变得很容易操纵。飞行员只要把各种武器的使用规律和飞行控制程序输入计算机,计算机就能在飞行员选定的工作状态,根据电传操纵系统和目标探测装置所能获得的信息,迅速得出飞行员应采取的对策并输入飞行自动控制系统,同时在平视显示器上显示出来。平视显示器把来自火控雷达、航行和飞行姿态参数以及其他传出器的信息,综合显示出来。飞行员按显示器上的字符进行操作。所有复杂的计算包括武器计算、导航计算以及安全保障计算,都由机载计算机进行,因此,解决了飞行员在操纵飞机的同时还要兼顾对外观察、注视瞄准具和仪表等精力分配不过来的问题。这就大大解放了飞行员,减轻了飞行员的负担,使他可以集中精力进行空战。

机载武器威力不断增大

空中作战的效果取决于飞机、火力控制系统和机载武器以及飞行员素质等因素。武器是直接杀伤和摧毁目标的工具,在上述因素中占有极其重要的地位。因此,各国都十分重视空空导弹、航炮和各类空地武器等机载武器的研究和发展工作,并把电子、红外、激光等现代技术融为一体,以使热核武器和常规武器向着威力大、射程远、速度快、精度高、杀伤面积大、杀伤因素多的方向发展。

空空导弹成为空战中的主要武器之一。空空导弹的发展,大大改进了战斗机空战的性能。自 1958 年美国红外制导的 AIM—9B 响尾蛇式空空导弹首次用于空战以来,到 20 世纪 80 年代末的短短 20 余年间,空空导弹已发展到第三代。

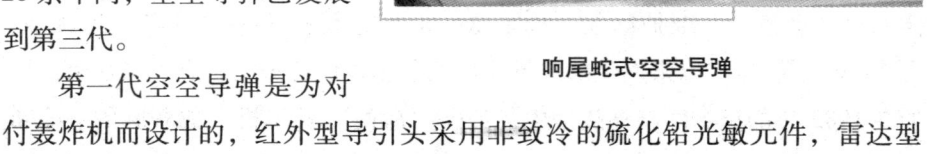

响尾蛇式空空导弹

第一代空空导弹是为对付轰炸机而设计的,红外型导引头采用非致冷的硫化铅光敏元件,雷达型

导引头采用电子管组件，战术特点是只能采用尾追攻击，射程 1.1~12 千米，对载机发射时的过载限制较大，最小发射距离也太大，缺乏对付战斗机所必需的格斗性能，空战中实际使用效果不理想，总的命中率只有 10% 左右。这一代导弹以美国的"响尾蛇"AIM—9B、"麻雀"—IM—7A、苏联的 AA—1、法国的"玛特拉"R.510 和 511 等为代表。

第二代空空导弹是为对付超音速轰炸机和歼击轰炸机而设计的。如美国的"响尾蛇"AIM—9D、"麻雀"AIM—7E、苏联的 AA—2345、法国的"玛特拉"R.530 等。这一代空空导弹，其红外型导引头采用氮致冷硫化铅和锑化铟光敏元件，雷达型导引头采用晶体管和印刷电路板。其主要特点是：最大射程增到 8~22 千米，苏联的 AA—5，以固体燃料火箭为其动力装置，最大射程为 12 千米。美国的"麻雀"AIM—7E 的动力装置为 1 级固体燃料火箭，最大射程达 22.5 千米。红外导引头能测出 300℃~800℃ 的喷气流热辐射。雷达型采用半主动脉冲雷达或半主动连续波雷达。在战术使用上，可全天候、接近全方位攻击，有些导弹虽然没有全向攻击能力，但也扩大了攻击区。

第三代空空导弹是在总结前两代导弹空战经验的基础上发展起来的。其战术指导思想由高空高速发射转向利用地形、地貌，在地杂波掩护下超低空突入偷袭。这一代空空导弹按作用距离分为 3 类：①近距格斗导弹；②中距离截击导弹；③远距离截击导弹。

近距格斗导弹。在视距以内进行攻击、射程在 10 千米以内的称近距格斗导弹。这一类导弹以法国的"玛特拉"R.5501，美国的"响尾蛇"AIM—9L/M，苏联的 AA—n 和以色列的"谢里夫"MK—2 等为代表。它们在格斗性能上虽各有长短，但有许多共同的特点：它们大都采用红外制导，反应灵敏，抗干扰能力强，可靠性高，载机可以"发射后不管"；最小发射距离近达 300~500 米；机动性能好，可全向攻击，横向可用过载增大到 359 左右，使目标不易摆脱跟踪，适用于机动空战；都具有离轴发射能力；体积小，重量轻，维护简便，成本低。由于近距格斗导弹具有以上优点，在 20 世纪 80 年代以来发生的几场局部战争中被广泛采用，且效果显著。例如在 1982 年的英、阿马岛战争中，英国"海鹞"式飞机空战获胜的一个重要因素是使用了格斗性能好的 AIM—9L 空空导弹。被击落的阿根廷飞机中，

73%是被这种导弹击中的。其中，英国舰载航空兵第800中队的命中率最高，他们共发射14枚AIM—9L导弹，有13枚击中阿机，命中率高达93%。近距格斗导弹的缺点是不适合在复杂气象条件下和红外干扰强的超低空使用。

中距截击导弹。采用半主动雷达制导或红外制导，反应灵敏，目标分辨率高，具有全天候、全方位和一定高度差的攻击能力，射程一般在10～50千米。这一类导弹以美国的"麻雀"、英国的"天空闪光"、意大利的"恶棍"—IA、法国的"玛特拉"R.530和苏联的"尖顶"导弹为代表。中距空空导弹的缺陷在于导弹命中目标以前，载机必须始终不间断地用雷达照射目标，影响载机对其他目标的搜索和机动攻击。

远距截击导弹。采用半主动中段与主动末段以及程序前段的多级综合接力制导，具有上射和下射能力，能对目标进行全天候、全方位、全高度攻击，射程一般在40～50千米。如苏联的AA—9的攻击距离达70千米，美国的"不死鸟"AIM—54A的攻击距离在100千米以上，可以打击超高空到超低空的目标。

航炮的新发展。航炮是飞机既可用于空空作战，又可用于空地作战的主要武器。由于空空导弹的问世，航炮在20世纪50年代末和60年代初，曾一度受到冷遇，在一些军事大国出现了"要导弹，不要航炮"的倾向。美国1962年开始服役的F—4"鬼怪"飞机都没有装航炮。苏联米格—21型歼击机在使用过程中不断改进改型，有的改进型也没有装航炮。取消航炮的后果，在越南战争中明显地暴露出来，有不少很好的战机，因没装航炮而被贻误了。而在1973年10月的第四次中东战争的空战中，双方损失的飞机约有15%是在空战中被航炮击落的。实战证明，航炮仍然是现代作战飞机不可缺少的机载武器，导弹和航炮各有其所长，空战中可以择其长而用之。有了几次局部战争的经验教训之后，从70年代开始，航炮再度受到重视，研究了新的瞄准原理，采用了航炮与飞机火控系统交连、近炸引信和全向攻击等新技术，使各种航炮有了新的发展：新航炮的口径基本统一在20～30毫米，增大了单发炮弹的破坏力，攻击空中目标和地面装甲目标威力大，效果好；新航炮的射速不断提高，以满足对高速度飞机作战的要求，炮弹的初速也不断增大，缩短了弹丸的飞行时间，提高了命中率和穿

甲能力。如美国的 M61A—1 口径 20 毫米的 6 管炮，射速达 6000 发/分，大多数航炮的初速达到 1000 米/秒以上。德国将航炮射击的火控装置和机载火控雷达对目标跟踪结合起来，把航炮由人工控制瞄准改为雷达控制的半主动瞄准，使航炮在一定距离范围内能随时攻击被雷达锁定的目标，并具备了全向进攻能力，也大大增加了航炮的射击机会。德国的"毛瑟"和瑞士的 KcA—30 航炮都具有这种性能。

空对地武器在技术上的突破。由于制导技术的高速发展，使各种空对地武器得到不断的完善和发展，不仅各类导弹能自动导向，有的航空炸弹也具有自动导向目标的能力，有的导弹和制导炸弹击中目标的圆概率偏差已缩小到十几米乃至几米以内。空地导弹的完善和发展。空地导弹大体上分为战略空地导弹、战术空地导弹和空射巡航导弹三大类。战略空地导弹弹头多为核装料，由远程轰炸机携带发射，用于攻击大型战略目标，射程数百千米至上千千米。这类导弹大多采用惯性制导，有的还加有末端雷达制导。美国的 AGM—28A"大猎犬"、AGM—69A，苏联的 AS—3"袋鼠"、AS—4"厨房"、AS—6"王鱼"等都属于这一类导弹。战术空地导弹弹头大都为常规装药，由战术飞机携带发射，射程一般为几十千米，有的可达 100 千米。这类导弹采用无线电指令、雷达、激光、红外、电视等制导方式，用于攻击地面雷达、坦克、装甲车和其他重要战术目标。如美国的 AGM—A"小牛"、AGM—53A"秃鹰"、AGM—45A"百舌鸟"、AGM—78B 标准式反雷达导弹、AGM—88A 高速反雷达导弹，苏联的 As—9、As—10 等战术空地导弹，攻击目标的准确性都较高。空地巡航导弹弹头为常规炸药和核装料两种，由战略轰炸机发射，用于战略目的的巡航导弹有美国的 AGM—86、AGM—109"战斧"和苏联的 As—x—15 等，其最大射程可达 2400～3700 千米，采用惯性加地形匹配制导系统，载机生存力强，命中精度高。如果在末端采用电视制导，导弹可直接命中目标。空中发射的巡航导弹的雷达反射面积小，约有 Bse—52 型轰炸机的 1/1000，能跟踪地形飞行，低空突防成功率高。

新型制导航空炸弹用于实战。美国从 20 世纪 60 年代后期开始加紧研制制导炸弹，把滑翔式航空炸弹装上电视导引头或激光导引头等制导系统，使之成为自动导向制导炸弹。美国研制的第一代制导炸弹是"白星眼"系

列和 GBU 系列。其制导系统有的采用电视制导，有的采用半主动激光制导。70 年代后期，美国对以上两个系列制导炸弹的制导系统和保证滑翔的空气动力组件进行了改进，成为第二代制导炸弹。它与第一代制导炸弹比较，在制导精度、效率和抗干扰性能等方面都有提高。80 年代，美国研制出第三代制导炸弹，如 GBU—15、GBU—20、GBU—22、GBU—23 和 GBU—24 等。这些制导炸弹是在标准爆破弹的前部与后部分别装上一套有制导装置的头部模块式组件和尾部空气动力组件构成，整个制导系统可成套地更换。其制导系统有电视制导的，有激光制导的，也有红外成像制导和雷达制导的。有的专用制导炸弹，如穿破混凝土层的制导炸弹，还装有新式高效子弹头的制导弹箱。这些制导炸弹能够超低空投放，适用于低空轰炸，可完成特定的任务。除了美国的制导炸弹以外，世界各国研制的新型制导炸弹的种类也很多。如法国空军最初装备的制导炸弹有电视制导和半主动激光制导两类，其构造和性能近似于美国的第一代制导炸弹。20 世纪 80 年代，法国新研制了 BGL 系列制导炸弹和"阿尔科里"混凝土穿破用制导炸弹等。苏联在 20 世纪 60 年代就装备了用无线电指令制导的 Y—2 制导炸弹，载机有伊尔—28、图—16、图—22 等型飞机。据西方分析报道，到 80 年代，苏联已装备了性能与美国 GBU—15 相近的第三代激光制导炸弹。瑞典研制了一种 RBS15G 制导炸弹。英国、澳大利亚、沙特阿拉伯、韩国和以色列空军装备的都是美国 GBU 系列制导炸弹。

航空武器装备的发展

20 世纪 50 年代末以来，世界各国特别是工业高度发达国家根据局部战争的经验，充分利用高度发展的科学技术成果，采取各种措施，大力研制、改进、生产和更新航空武器装备，大量装备了超音速喷气式飞机、各种空对空、空对地导弹和先进的火控设备，空军进入了新的发展时期。尤其是自 60 年代美、苏之间陷入核僵局之后，迫使双方不得不调整军事战略，加强常规武器的发展。各国以研制先进的战术飞机为空军装备发展的重点，加快了飞机的技术改造和更新换代的步伐。在飞机的机动性、制导武器和火控系统等方面，做出了重大的改进，使空中力量的武器装备在打击能力、

生存能力和快速反应能力方面的性能越来越好，取得了划时代的进步。一代比一代性能优越的航空武器在局部战争中得到日益广泛的运用，显示出前所未有的强大威力和独特能力。

作战飞机加快更新换代，普遍具备多种功能

歼击机是航空兵进行空中格斗的主要机种，也是世界各国航空武器发展的重点。自20世纪50年代以来，以喷气式飞机为标志的现代歼击机已发展了三代。对歼击机分代的标准，是以飞机的飞行性能和机载武器系统的效能发生质的飞跃来衡量的。20世纪50年代服役的第一代歼击机的主要标志是，开始用喷气式发动机，飞行速度接近和突破音速，高度达到1.5万米以上，飞行性能大大超过了螺旋桨飞机，但使用的机载武器仍是火炮。20世纪60年代服役的第二代歼击机，飞行速度达到两倍于音速，飞行高度接近2万米，机上装备了精确导航设备，可以全天候作战和低空突防，开始使用空空导弹作为空战武器，但是空空导弹还处于初始阶段，射程不远，机动力弱，命中率低。根据60年代几次局部战争中，空战通常在中、低空和跨音速区内进行机动格斗的经验，70年代，一批突出跨音速格斗性能好的歼击机开始服役，代表机型是美国的F—14、F—15、F—16，苏联的米格—29、米格—31，法国的"幻影"2000等。这些新型飞机被称为第三代歼击机。这一代歼击机运用了许多高新技术，空战能力大幅度提高，具备了全天候、全方位、全高度和超视距空战的性能。突出的优点是：①机动能力强。气动设计先进，推重比均比前一代飞机提高40%左右，而翼载要小20%~30%。在9000米高度，按M数0.9时的最大持续过载来比较，比前一代飞机提高了一倍多，最大爬升率明显增大。

歼击轰炸机

②机载武器系统威力大。机载武器既有可进行近距格斗的航炮和格斗导弹，也有中、远距发射的空空导弹，机载雷达探测距离大于 100 千米，并具有下视下射能力，如美国的 F—14、F—15 型飞机，苏联的米格—31 型等飞机都具有下视下射能力。③短距起降性能好。飞机起飞、着陆滑跑距离大多在 500 米左右，比第二代歼击机的起、降滑跑距离缩短了约 50%歼击轰炸机是战术空军的主要攻击力量，在高度机动的常规战争和使用导弹核武器的战役中，约有一半以上的地面小型目标和活动目标靠它去消灭。因此，各国对歼击轰炸机的发展都很重视。尤其是在核武器实现小型化以后，歼击轰炸机也能作为战术核武器的运载工具，其发展的速度更为迅速。到 20 世纪 60 年代，已经全部取代了轻型轰炸机，逐步成为各国战术空军的主力机种。比如美国战术空军在 60 年代拥有 5000 架战斗机中，歼击轰炸机的架数占 88%。到 80 年代，美国战术空军装备的歼击轰炸机在其作战飞机中所占比例有所下降，但仍保持在 50% 左右。苏联 70 年代中期，前线航空兵共装备作战飞机 4500 架，其中歼击轰炸机约 1500 架，占 33%。到 80 年代初，苏联前线航空兵装备的作战飞机中，歼击轰炸机所占比例明显增大，占 60% 以上。在西欧各国空军的战斗机中，歼击轰炸机所占的比例也相当大。这是因为，由于技术的进步，现代歼击轰炸机的有些能力已超过原来的战略轰炸机，能在无歼击机掩护的情况下独自作战，并且具有与歼击机相近似的机动性和全天候作战能力，在未来战争中的地位和作用越来越重要，因此，成为各国空军重点发展的机种之一。

至 20 世纪 80 年代末，世界各国装备的歼击轰炸机主要有两种类型，一类是战斗攻击型，其空战能力较强，适于近距支援或纵深攻击，但是航程、载弹量较小。另一类是专门设计的战斗/攻击型，其机载设备全、载弹量大，航程远，但空战能力差，

强击机

适于大纵深遮断攻击。自70年代以来，各国陆续装备的歼击轰炸机主要有：美国的F—11、F—4D、F—16A型飞机，苏联的苏—17、苏—20、苏—24、米格—27型飞机，法国的"幻影"Ⅱ—E、"幻影"Ⅴ型飞机、瑞典的"萨伯"37AJ型飞机，英、法联合生产的"美洲虎"和英、德、意三国联合研制的"狂风"等型飞机。其中比较先进、有代表性的是美国的F—111型飞机，苏联的苏—24型飞机和西欧的"狂风"式飞机。它们的共同点是都采用了变后掠翼技术，同时具有高、低空和高、低速性能，航程远，最大载弹量达5000千克以上，有一定的自卫能力。强击机也是航空兵作战飞机中的一个重要机种，主要用于从空中对地面和水上目标实施攻击，并专用于空中近距支援。这一机种的数量在第二次世界大战后曾一度急剧下降，只剩下少量的舰载强击机。美国空军自1947年组建后，一直未发展强击机。

直到20世纪60年代，美国从越南战争的教训中认识到，一种载弹量大、生存力强，起降能力好，专门用于遂行战场前沿近距支援任务的强击机是重要的。于是，1966年，美国空军提出了研制新型强击机计划。从此，美国和其他国家又开发研制了多种强击机。美国研制的A—10A型强击机从1975年交付空军使用，到1984年，美国共有此种飞机713架。这期间，各国空军装备的强击机数量也开始迅速回升。苏联在1956年取消了强击航空兵。到20世纪70年代，苏联看到美国开始研制A—10型强击机，才又研制了强击机苏—25型，直到1981年才开始装备部队，至1984年，苏联前线航空兵已装备苏—25型强击机70多架。其性能与美国的A—10型强击机相类似，也是亚音速级飞机，以其大载重量和可长时间空中巡逻优越性能，进行直接支援，主要用于攻击坦克群和战场上的活动目标及重要火力点，曾在阿富汗战场上广泛使用。80年代，各国仍在服役的强击机共有3种类型，专门为遂行近距空中支援而设计的强击机属于第一类，如美国的A—6、A—7、A—10型飞机，苏联的苏—25型飞机等；第二类是垂直/短距起落飞机，如英国的"鹞"式强击机，在1982年的马岛冲突中发挥了关键性作用。这一类强击机还有美国和英国联合研制的AV—8B型垂直起落战斗机，苏联的雅克—36型歼击/强击机；第三类是教练/强击机，如法国和德国共同研制的"阿尔法"喷气教练/强击机。

轰炸机是实施空中突击的主要机种，用于从空中对地面或水上目标实施轰炸。轰炸机分轻、中、重型3种。轻型轰炸机亦称近程轰炸机，航程在3000千米以下，载弹量为3～5吨；中型轰炸机亦称中程轰炸机，航程在3000～8000千米，载弹量为5～10吨；重型轰炸机亦称远程轰炸机，航程在8000千米以上，载弹量在10吨以上。20世纪50年代以来，轰炸机的发展受各国特别是美、苏两国军事战略演变的影响，经历了一个由兴盛到衰弱再到复兴的过程。轰炸机在50年代是核武器的唯一运载工具，受到核大国的高度重视；60年代，命中精度不断提高的远程战略导弹装备部队，地空导弹的出现对战略轰炸机的生存能力构成严重威胁，于是在美、苏等国都出现了导弹可取代轰炸机的观点，影响了战略轰炸机的发展。经过几次局部战争的实战之后，人们看到轰炸机所具有的很大的灵活性，很强的适应性，攻击的精确性和较好的经济性等优点，都是导弹难以代替的，加之轰炸机机载武器系统不断完善，其生存力显著提高，才又重新开始了对新型轰炸机的研制，并不断对老式轰炸机进行改进，使其逐步实现现代化。到80年代末，只有美国和苏联拥有远程战略轰炸机。美国战略空军装备的是B—52、FB—111、B—1B等3种机型的中、远程战略轰炸机，共300余架。苏联远程航空兵装备的中、远程轰炸机是图—95、米亚—4、图—16、图—22、图—26等5种机型。苏联海军航空兵装备了图—16、图—22、图—2633种机型，总共有850架。此外，中国、伊拉克等少数国家拥有中程战略轰炸机。法国战略空军司令部辖3个轰炸机大队，装备"幻影"Ⅳ超音速轰炸机34架，1985年以后开始陆续退役，用"幻影"2000N型歼击轰炸机代替了"幻影"Ⅳ型轰炸机。英国打击司令部直辖3个轰炸机中队，装备"火神"式轰炸机48架。1982年英国曾用"火神"式轰炸机轰炸马岛机场。1983年，该机种退役。各国的现役轰炸机普遍采用了高新科技成果，对机体和机翼结构进行了改造，以增加升力，减小阻力，减小对雷达波的反射；动力装置改用涡轮风扇发动机，以增大推力，减低油耗；加装了电子设备，具有全天候功能，瞄准系统多与导航系统、自动驾驶仪交连，可实施自动轰炸；一些轰炸机为加大航程，还可以进行空中加油，等等。这些都增强了轰炸机的生存能力、机动能力和作战威力，从而决定了轰炸

机在现代国防和未来战争中仍占有的重要地位。

辅助作战机种增多，增强了空中整体作战效能

辅助作战机种增多，并与作战飞机配套形成强大的整体作战能力，是现代航空武器装备发展的一个重要表现。现代辅助作战机种，除了发展传统的侦察、军事空运、反潜巡逻等飞机外，还大力发展空中预警指挥机、空中加油机、电子干扰机、无人驾驶飞机等。这些辅助作战机种相配合，对空军的支援作战能力、远程作战能力、电子对抗能力、预警指挥能力、空中机动能力，并进而形成整体作战能力，都起着显著的作用。因此，世界各国空军都把发展辅助作战机种，作为航空武器装备发展的一个重要环节。

军用运输机的发展。现代化战争需要快速机动部队、运送大量人员、物资和武器装备。军用运输机是遂行这些任务理想的高速运输工具。它具有争取时间、超越障碍、远距离运送的优点，与陆上和海上运输工具相比较，有其独特的优越性。因此，各国空军都十分重视军用运输机的发展。

美国历来十分重视发展军用运输机，不断加强空运力量的建设，采取改进老式运输机、研制生产新型机等一系列措施，以提高战略空运能力。美空军从20世纪50年代中期开始装备C—130型运输机，到80年代，已发展了几十种改进型，其基本型有C—130ABE、H，专用型有C—130CDF、KM，武装型有Ac—130AEH等，发射和控制靶机的机型有Gc—130、Dc—130AEH，电子监视、空中指挥、控制和通信型有EC、130EC、130E，此外还有搜索救援和回收型、空中加油型、空中探测和侦察型及气象探测型等等。

1964年10月，美空军又装备了C—141A型运输机。该型运输机在越南战争中使用，并在中东战争中为以色列空运过大批作战物资。针对C—141A在使用中常常由于货舱容积的限制达不到最大起飞总重的问题，同时为了加大航程，在作战略飞行时不中途着陆加油，于1976年开始，用4年时间对270架C—141A进行改装。改装后的C—141B型飞机，其机身加长了7.11米，使其装载能力提高30%。机上安装了空中受油设备，续航能力进一步增大。为减小阻力，改装了机翼根部的整流罩，使升力分布更合理，延长了飞机的寿命。1970年春，美空军装备了主要用于运载坦克、导弹及

军用运输机

其发射装置、架桥设备等大尺寸、大重量的武器装备的C—SA运输机，其载重能力高达120吨。1982年，开始对该机换装新机翼，使机体使用寿命增至3万个飞行小时，相当于在和平时期再继续使用30年。与此同时，又研制了C—SA型飞机的改进型C—SB、C—5B较C—5A型飞机载重量大，维修省时。

在改装旧飞机的同时，美空军从20世纪80年代初开始，陆续装备了战略战术兼用的C—17宽体大型运输机和KC—10型加油运输机等新型机，以逐步用先进的飞机代替陈旧的机型。到80年代末，军事空运司令部拥有各型运输机1000余架，分驻于26个国家的325个基地。美空军的这支空运力量的任务，是为美军提供全球性战略和战术空运勤务。它是美军战略机动的重要工具之一，是美军快速部署部队的重要组成部分，也是美军对世界地区性冲突迅速做出反应的关键。

苏联军用运输机的发展。苏联从1955年将空军运输空降兵改组为运输航空兵，正式成为空军的一个独立兵种。20世纪60年代以后，随着苏联军事战略的演变，军事运输航空兵发展很快，特别是在运输机大型化方面，曾一度走在世界前列。1962年，苏联4发喷气涡轮螺旋桨重型战略运输机安—22研制成功。该机航程为5000千米，可载重80吨，使苏联最先具有空运大型作战装备的能力，从而增强了洲际作战的空中战略机动能力。1967年，苏联伊尔—62型洲际运输机投入航线使用。1969年，苏联安—26型涡轮螺旋桨式短程军用运输机大量服役。从70年代开始，苏联相继研制了一批先进的喷气式军用运输机：伊尔—76型飞机总重约170吨，最大载重40吨；安—72型双发短程运输机，总重约23吨，载重约7吨；安—40型飞机最大起飞重量为420吨，最大载重量为120吨等。这样，苏联运输机就形成

了完整的系列。到 80 年代末，苏联军事运输航空兵装备的运输机共有约 1400 架，其中最大载重航程 5000 千米的宽机身战略运输机安—22 和伊尔—76 型共 140 架；航程为 2000～5000 千米战役战术运输机安—12 型约 650 架；航程在 2500 千米以下的战术运输机安—26 型等，600 余架。苏联运输航空兵已成为苏军保障战略战役空降，进行战略战役空运的一支重要力量。

除了美、苏两国以外，世界其他国家空军装备的运输机，既有从苏、美两国购买的，也有国际合作或自己本国生产的。法国和德国空军 20 世纪 60 年代装备的中型军用运输机，是两国 1959 年底开始研制的 C—160 型飞机。1973 年，两国又合作生产新型 C—160 增加了燃油，加大了起飞重量，改装了新的电子设备，该机 20 世纪 80 年代在两国空军服役。意大利空军装备的 G.222 涡桨式中程军用运输机，是 1963 年开始研制的，研制过程拖了近 10 年，1976 年才开始交付部队使用。日本航空自卫队 80 年代装备的 C—1 型战术运输机，是 1966 年开始设计的。C—1 型飞机的设计要求是具有在日本列岛内不中途加油飞到全国各地的续航能力，具有全天候性能和空投、空降和短距离起落能力等。到 1981 年，共交付 2 架原型机和 27 架生产型飞机。

大型运输机的发展和使用，使空运成为高技术局部战争实施战略性投送兵力的重要手段，使军队快速部署和远程机动作战能力大幅度提高。

空中预警指挥机的发展。空中预警指挥机是用于预先发现空中来袭目标，为抗击空中袭击提供有关数据和时间保证的飞机。它既可以搜索监视广大范围的空中目标，提供充足的预警时间，又可以引导多批飞机遂行作战任务，使作战效能大为提高。这一新机种是美国在第二次世界大战后率先着手研制的，于 20 世纪 40 年代末到 50 年代交付部队使用。有 WV—2/2E、EC—121C/D 和 E—2A/2B 空中警戒机系列。但这些飞机都缺乏俯视能力，作用距离短，提供的预警时间不充足，分辨能力差，指挥与控制能力不能满足作战需要。60 年代以来，研制和生产空中预警指挥机的国家，有美国、苏联和英国。美国在改善原有装备的同时，又研制了新型空中预警指挥飞机。1964 年 1 月，美国海军装备了 E—ZC 型预警机，用于舰队防空预警和空中引导指挥。E—ZC 是 E—IB 型预警机的后继机型，其布局独特，机翼可折叠，有 4 个垂直安定面，机翼和垂直安定面前缘都有充气式防冰

套。机上装配了 AN/APA—171 旋转雷达天线罩（雷达和敌我识别系统天线）、AN/APS—125 雷达处理系统、RT—988A 敌我识别问答机、AN/ALR—59 被动监视系统、AN/APA—172 控制指示器组、ASM—440 飞行性能监测器、CP—1085/AS 大气数据计算机、ASN—50 航向和姿态参考系统以及 ARC—158 高频数据链等先进设备。E—Zc 型是一般在己舰和己机周围巡逻型预警机，最大巡航速度 580 千米/小时，最大续航时间 6 小时以上，飞行高度为 9150 米/时，可探测和判明 480 千米远的敌机。机载雷达在监视海上目标的同时，可探测周围 1250 万立方千米空域内的空中目标，至少能自动和连续跟踪 250 个目标并能控制对其中 30 个目标进行空中截击，因而 E—2C 型预警机也有"超越地平线的眼睛"之称。使用 E—2C 型预警机的国家有日本和以色列。1982 年 6 月，以色列在中东战争中使用 E—2C 型预警机和其他电子武器系统，创造了用电子技术作战获得成功的战例。

1977 年 3 月，美国空军又装备了新型的 E—3A 预警机。该机是以波音 707 民航机为基础，更换发动机并加装旋转雷达天线罩和电子设备改装成。其主要设备有 AN/APY—1s 波段脉冲多普勒雷达以及电子计算机、状态显示台和辅助显示装置、

空中预警机

导航与引导设备、联合战术情报分析系统（JTIDS）等。E—3A 型预警机最大平飞速度 853 千米/小时，最大续航时间 11 小时，一般在 9000 米高度值勤，能监视 360°方位，并具有下视能力，探测距离达到 400～600 千米，可向空中指挥员显示敌我双方陆、海、空三军在当地战场上的作战态势，能同时显示 600 个空中目标，跟踪 200 个目标，引导指挥近 100 架飞机作战。此外，E—3A 型预警机还可以作为监视台风和台风区救援的空中指挥中心。美国在 E—3A 型预警机的基础上，20 世纪 80 年代又生产出 E—3B、E—3C 型机，是当时世界上性能最好的预警指挥机。

苏联从 1960 年开始，利用图—114 型民航机改装空中预警指挥机图—126。1970 年交付苏联空军使用。图—126 型预警机的主要设备除最大作用距离 370 千米的雷达外，还有 SRO—ZM 敌我识别器、Ni—50BN 电子计算机、近距支援导航仪和远距导航系统、RsB—70/R837 高频电台和 ARL—5 数据链等通信设备、无源和有源电子对抗设备等。该机值班巡航速度 650 千米/小时，值班高度 6000 米，值班持续时间 9 小时。这种飞机对水上和低空目标的预警能力较好，而对陆地上目标的预警效率较低。1984 年末，苏联空军开始装备伊尔—76 型预警机，这种预警机较之图—126 预警机的雷达，具有更完善的下视能力。

英国从 1977 年开始，用巡逻反潜机"猎迷" MR. MKI 改装为"猎迷" Aw. MK3 型预警机。1984 年底，开始陆续交付英国皇家空军使用。与 E—3 等空中预警机相比，"猎迷"的最大不同之处在于采用一对雷达天线罩，分别装在机头和机尾，两个天线共用一个发射机，由波导开关控制完成 360°全方位搜索。"猎迷"主要用于发现、识别、跟踪空中和地面（海面）活动目标，具有与地面站和海上舰只保持联系的能力。在 6000～9000 米高度值勤时，可探测半径 300～500 千米范围内的低空目标和舰只。空中加油飞机的发展。从 20 世纪 50 年代起，飞机空中加油已在一些国家得到广泛采用。

巡逻反潜机

当时，美国和英国已拥有一定数量的空中加油机，苏联也开始装备空中加油机。从 60 年代到 80 年代，空中加油机有了快速的发展，全世界已有空中加油机 1000 多架，装有受油装置的飞机 1.1 万多架。其中，拥有空中加油机最多的国家是美国和苏联，其次是英、法、以色列、西班牙、伊朗、巴西、加拿大、沙特阿拉伯等 20 多个国家。世界各国所使用的空中加油机，

基本上都是由美、英、苏3国制造的，并且多由运输机、客机和轰炸机改装而成。改装的方式有两种，一种是将加油设备安装在加油机内部的一个加油平台上，另一种是将加油设备安装在吊舱内，挂装在机身下部或机翼下部。例如美国的 Kc—130、Kc—135、Kc—10A 型加油机，分别由 C—130、波音 707、DC—10 型运输机改装而成；苏联的图—16A、米亚—4A、伊尔—76 型空中加油机，分别由该型轰炸机或运输机改装而成；英国的"胜利者" K.2、VC—10K.2 型空中加油机也分别由该型轰炸机和 Kc—10 型运输机改装而成。空中加油设备由加油装置和受油设备两部分组成。加油装置配置在加油机上，通常有插头锥套式或伸缩软管式两种设备；配置在受油机上的受油口或受油管，分为固定式或伸缩收放式两种。空中加油机的发展，为作战飞机的远程奔袭和深入对方纵深突击创造了条件。

无人驾驶飞机的发展。20 世纪 50 年代末，无人驾驶飞机主要是用来作为靶机。进入 60 年代以后，无人驾驶飞机开始作侦察机并直接用于作战，同时还出现了用于飞行研究的超音速无人驾驶研究机、电子干扰机和假目标机。70 年代，新型遥控无人驾驶飞机问世。其遥控的方式是通过电视传输，向母

无人驾驶飞机

机或地面控制中心的操纵员提供目视信息，由操纵员对飞机进行实时操纵。这种遥控飞机能执行更广泛的军事任务。80 年代，在世界各国服役的各型无人驾驶飞机主要有美国的"天眼"、"勇士"、"精神"，德国的"巨嘴鸟"，加拿大的"哨兵"，以色列的"猛犬"、"侦察兵"，比利时的"食雀鹰"以及英、法等国的 CL—89、CL—289 型等。这些无人驾驶飞机都装配有航空相机、电视或红外设备，可遂行战役战术侦察、战略侦察和实施电子对抗等多种任务。目前，无人驾驶飞机正在向直接担负作战任务的方向发展。

电子干扰飞机的发展。空中专用电子干扰机是进行空中电子干扰的重要兵器。20世纪60年代，电子干扰飞机的干扰能力还比较低，作战双方电子对抗的范围基本上还处在无线电通信对抗和雷达对抗的范围。70年代中期以后，随着电子技术的飞速发展，干扰能力较强的新型电子干扰飞机陆续装备各国部队，电子对抗开始突破通信、雷达对抗的范围，逐步扩展到指挥、控制、引导以及光电对抗等各方面，成为一种有效的作战手段和一项重要的战斗保障措施。被对立双方用来进行电子侦察、干扰、摧毁和反侦察、反干扰、反摧毁的军事斗争，后来被称为电子战。装备有电子侦察、电子干扰设备、专门执行电子干扰任务的飞机亦被称作电子战飞机。20世纪80年代，电子干扰飞机一般采用3种方式实施干扰：①远距干扰支援，干扰距离达150～200千米；②近距干扰支援，干扰距离40～80千米左右；③伴随干扰支援，即干扰机同时混在攻击机群中。电子干扰能降低与破坏敌方电磁辐射装备的性能和威力，从而造成敌方指挥中断，雷达迷盲、通信混乱、武器失控。电子干扰设备又能采取反电子侦察、反电子干扰等措施，保障己方电磁辐射装备的性能和威力的充分发挥，从而造成有利于己方的战场环境。经过局部战争的实践检验，电子战的威力更加显露，电子战在战争中的地位和作用也越来越重要。例如，1986年4月15日，美国空袭利比亚时，为确保空袭成功，专门派出4架EF—111型电子战飞机施放强电子干扰，造成200千米内利比亚的雷达全部失灵，从而保障美机顺利地完成了瘫痪利比亚整个防空体系的任务。由此可见，电子战已成为现代战争的一种重要作战方式，成为整个战争能力的一个有机组成部分。这一斗争对战斗、战役乃至整个战争的胜利，将产生越来越大的影响。

20世纪80年代，苏、美正在服役的专用电子战飞机和机载自卫电子设备，在世界上具有代表性。例如：美国战术空军的EF—111A型专用电子战飞机，性能先进，速度快，在高空达马赫数2.2，在执行突防护航任务中能和它所掩护的战术飞机一起飞行，空中不加油能飞越3200千米以上，具有携带4吨复杂电子设备所需的空间、电源和载荷能力，可遂行远距干扰支援、护航干扰支援和近距干扰支援3种任务，是80年代世界最先进的电子战飞机。苏联远程航空兵装备的电子对抗飞机是图—16"罐"H/J型，前

线航空兵装备的电子对抗飞机为雅克—28"阴谋家"E型,都具有多种电子战的能力,可用于掩护战略或战术飞机的战斗行动。

上述情况说明,传统的和现代辅助作战机种的发展,对空军的支援作战能力、远程作战能力、预警指挥能力、空中机动能力和电子对抗能力起着显著的作用,是一支不容忽视的力量。

机载火控系统和机载武器的新发展

机载火控系统的发展。机载火控系统主要包括机载雷达、电子计算机及显示瞄准部分。20世纪70年代,微电子技术飞速发展,使机载火控系统面貌一新,进入了以软件控制、高速数字处理为中心的新阶段,开辟了通向多功能、跟踪多目标的道路。

雷达作为获取目标参数来源的主要手段,受到世界各国的重视,发展很快。它的工作体制已由过去的测距、圆锥扫描、单脉冲逐步向多普勒、合成孔径和相控阵的体制前进,功能明显增强。20世纪70年代以来,美国空军在F—14型飞机上装备的AMG—gF—巧型飞机上装备的APG—63,F—20型飞机上装备的 AN/APG—67

雷 达

(v),苏联空军在米格—29、米格—31型飞机上装备的"高空云雀"雷达的发展型"狐火",都是机载雷达的典型代表。这些雷达在战术使用上,都不同程度地增强了全向、远距攻击能力,具备了下视下射能力,多目标跟踪能力和空对空、空对地等多种功能。

电子计算机已成为机载火控系统的心脏。只要输入各种武器的使用规律和飞行控制程序,计算机就能在飞行员选定的工作状态,根据机载传感器、目标探测装置所获得的情报,迅速得出飞机应采取的对策,并将其导入飞行自动控制系统,同时在平视显示仪上显示出来,使战斗机自动导向攻击目标的有利方向,进入发射(投放)武器的起始位置,飞行员只需监

控飞机机动和武器发射过程。数字计算机的高功能大大减轻了飞行员的工作负担，提高了作战效能和载机自身的生存力。

平视显示仪广泛用于作战飞机。现代战斗机上显示瞄准部分，基本上都已用平视显示仪代替了过去的瞄准具，综合显示导航和攻击数据。平视显示仪的工作方式通常有导航状态、空对空状态、空对地状态、备用瞄准状态等，它可以综合显示来自火控雷达、惯导、航行和飞行姿态参数以及其他传感器的信息。飞行员按照平视显示仪显示的数据进行操纵，从而简化了精力分配，解决了飞行员在操纵飞机的同时要对外观察、注视瞄准具和低头看仪表的矛盾，提高了飞行安全系数和战斗力。

机载武器系统的发展。航炮是最早的机载武器之一。20世纪50年代末，空空导弹的出现和使用，是机载武器系统的最大变化。到20世纪80年代，空空导弹已发展到第三代，成为空战装备中举足轻重的主要武器之一。中距拦射导弹的射程可达50~60千米。远距拦射导弹的射程达100千米以上，不仅能上射比自己高出几千米的目标，还能下射低空飞行的目标。近距格斗导弹具有很强的过载机动能力，并能离轴发射。

各类空对地武器命中精度提高，摧毁力增强。现代对地攻击武器种类很多，由于制导技术的高速发展，命中精度普遍提高。遥控的远程空地导弹，射程超过100千米。20世纪60年代后期，美国开始研制制导炸弹。到80年代，美国的制导炸弹也发展到第三代，法国、瑞典以

反跑道炸弹

及英国、澳大利亚、沙特阿拉伯、以色列、韩国等国也都研制或购置了先进的制导炸弹。这种激光和电视制导炸弹，命中率高达95%，而普通炸弹命中率只有25%。空射巡航导弹射程超过3000千米，可以突击纵深目标。此外还有集束炸弹、油气弹及反跑道炸弹、反坦克子母弹等等，可分别用于攻击不

同类型的地面目标。空对地武器在技术上的突破，已开始导致航空兵战斗活动方式、方法上的改变。

航空新技术装备下的空军建设

20世纪50年代末以来，由于航空新技术装备和武器的发展，使航空兵的打击能力、生存能力和快速反应能力方面越来越好，战斗力空前提高。在多次局部战争中，性能优越的航空武器装备得到日益广泛的运用，航空兵显示出前所未有的强大威力和独特能力，对整个战争进程和结局都产生了重大的影响，成了战争中不可缺少的军种。航空武器装备的划时代的进步，促使空军战斗样式和方法发生巨大变化。各国通过深入研究局部战争的规律、特点及其经验，特别是空军使用的特点和经验，根据各自的军事战略和战争需要，积极更新和发展空军的武器装备，普遍采取优化空军结构，加强空中力量合成等重要手段，迅速提高空军的战斗力。

航空新技术与空军军事理论的发展

航空武器装备的发展，是新的空中作战样式和方法产生的物质基础。战争实践是发展空军军事理论的源泉。20世纪50年代末至70年代，世界范围内的新技术革命的浪潮方兴未艾，许多科学技术成就优先用于空军，大量新式航空武器装备相继问世。与此同时，世界上发生了多次局部战争，其中最大的是美国侵略越南的战争，持续时间长达近12年之久，是第二次世界大战后规模最大、持续时间最长的一次现代化局部战争。此后，又发生了第三、四次中东战争和苏联入侵阿富汗战争。

在这些局部战争中，新的航空武器装备大量投入使用，使空中力量的面貌为之一新，作战能力空前提高。例如，越南战争被美国看做是它的新武器试验场，许多新式航空武器装备一经服役，大都最先用于越南空中作战，在空战中进行检验和改进。美国性能先进的超音速战斗机和战斗轰炸机在越南战争中第一次投入空中作战，就使战术航空兵的空间范围迅速扩大，能对敌方战役全纵深乃至战略后方实施空前强大的突击，不仅能适应

集束炸弹

复杂的电子斗争环境，还能对瞬息万变的情况迅速作出反应。以激光制导炸弹为代表的机载空对地制导武器，大大提高了航空武器的杀伤概率。集束炸弹、空气燃料炸弹和钢珠弹等面积杀伤武器，大大增强了航空兵突击地面目标的能力。空空导弹的运用，使空战理论和战术运用都发展到了一个新阶段。电子战力量成了空中力量的重要组成部分，空中加油技术运用于战术飞机的战斗活动领域，空中预警指挥飞机开始显露锋芒，等等。

由于大量新式航空武器用于实战，导致了空中作战样式和方法发生了实质性变化，空中力量与地面防空兵器的斗争发展到了新的阶段。这些局部战争的空中作战，反映了现代条件下空军运用的新内容，空中作战的新特点，从而丰富和发展了空军军事理论。例如：夺取空中优势的战斗应该包括对敌地面兵器尤其是地空导弹的彻底摧毁，空军应和地面部队联合行动；空中阻滞作战除战术空中力量外，还必须使用包括轰炸机和运输机在内的各种飞机一起遂行这一任务；由于地面战场环境的变化，空军支援地面作战必须采用新的战术，必须装备性能好、导弹射程远的飞机，以便有效地进行对地攻击和同敌机进行空战；空中运输是空中作战的重要方面，空中运输能力已成为空军作战能力的基本要素；电子对抗已成为现代空中作战的重要手段和特定任务，电子战力量成为空中力量不可或缺的重要组成部分。由于局部战争所追求的是相对有限的政治目的，其军事行动的规模有限，使用武器装备种类也受到限制，空军运用理论的发展也必然受到很大局限，因而不能完全反映未来战争的面貌。但是认真研究这些经验，对空军的发展建设是有益的。

局部战争与空军建设

航空技术装备和武器的发展，使航空兵的战斗能力空前提高。在各次

局部战争中，由于航空兵大量使用，对整个战争的进程和结局都有重大影响，空中力量成了未来战争中不可缺少的、有时起决定作用的力量。因此，各国均十分重视发展空军，把空军放在国防建设优先发展的位置。

在军费方面，各国用于空军建设的军费逐年上升。如美国在越南战争后的1973年，空军军费为245.38亿美元，到1980年增至389.76亿美元。从1980年以后，空军军费每年均以6%~9%的速度递增，到1987年，美空军军费已超过1000亿美元，占美军军费总额的35%左右。这是仅就用于空军的费用而言。如果再加上陆军和海军航空部队装备各型飞机及防空兵器的费用，用于空中力量建设的军费占军费总额的比例实际上均超过60%。印度空军从1984~1987年经费翻了两番，1988~1989年度空军装备费占全军装备费总额的40%以上。

在武器装备方面，各国注重改进空军装备的质量，加速装备的更新换代。到80年代，美国新一代的F—15、F—16和A—10型飞机已取代F—105、F—106、F—4A—7等旧型飞机。执行空中拦截和对地攻击双重任务的F—15E型飞机，从1988年开始成批生产装备部队，第四代高性能ATF型战斗机正在抓紧研制。苏联空军的装备也发生了质的变化，装备了新型歼击机、歼击轰炸机、强击机、战斗直升机和中、远程轰炸机。作战飞机以第三代为主，并开始向第四代过渡。英国、法国、德国、瑞典、以色列等国，也都在改进第三代战斗机的同时，大力发展第四代战斗机。这些新型战斗机都具有了全天候、全方位、全高度和超视距空战的性能。

海军航空部队

在部队规模和结构方面，各国确立了以质量补数量的方针，逐步压缩部队规模，加强质量建设，保持整体作战能力不降低。与此同时，调整组织指挥机构，减少指挥环节，加强集中统一指挥。美国空军在1970~1980年10年

间，兵力削减了23万余人。1969年，对各大司令部进行缩编，撤销了一些机构。1974年7月起，又进行了一次新的调整，撤销了空军总部司令部，将航空空间防御司令部和军事空运司令部升格为特种司令部，由参谋长联席会议直接指挥。1985年12月，战术空军所属的防空司令部改组为第1航空队。1986年12月，又撤销了航空空间防御司令部，该部所担负的大部分任务移交给空军航天司令部。苏联前线航空兵于1980年撤销了空军集团军建制，部队划归所属军区。1981年，又将前线航空兵的直升机、强击机和部分近程运输机划归陆军航空兵，作战指挥权交给了陆军军团和兵团指挥员。1989年，宣布撤销了一些指挥机构和8个师，减少飞机820架。英国空军于20世纪70年代初将12个司令部合并成4个司令部。1977年，又调整为3个司令部。80年代初，打击司令部所属的第1轰炸机大队和第38空运支援大队合并成为第1大队。1985年，英军大改组，又撤销了空军科学顾问机构。

在教育训练方面，重视提高人员的素质。美国空军认为，在有大量高技术兵器参战的现代战争中，人的素质是至关重要的，是发挥先进武器装备威力的先决条件，通过教育训练提高人员素质是和平时期军队建设的中心工作。他们针对局部战争中空军作战暴露的问题，不断改进训练体制，提出了专门化训练和分级训练的方针，坚持从实战出发，严格训练，努力提高训练质量，强调必须按照训练标准，把空勤人员训练成能战善飞的第一流飞行人员。苏联根据空军武器装备高技术含量日趋增大，广泛使用自动化指挥系统，智力劳动比重增大的情况，要求每一个军官具有深厚的文化基础知识，高度的军事素养和熟练的技巧。他们吸取现代局部战争空中作战瞬息万变的经验，强调按照实战需要进行全面训练，强调培养飞行员独立作战能力，发挥空中机组的主观能动性和首创精神，运用新战术战胜敌人。英国空军把搞好教育训练，提高人员素质作为和平时期搞好部队建设的首要任务，采取统一计划，分级施训的领导体制，特别强调发挥部队军官的主动性。对军官的培养，通常分为基础教育、专业训练和晋升深造教育。各类军官未经相应军事院校深造，不能晋衔晋级。总之，强化教育训练，提高人员的素质，已成为世界各国空军建设中越来越重视的问题，被视为打赢未来战争最重要的准备之一。

现代化局部空战与空军发展

由于 20 世纪 60 年代以来发生的局部战争，处在一个科学技术突飞猛进、武器装备高速更新的时代。航空武器的发展，使得空中力量使用频率增高，作战手段增强，承担任务日趋多样，独立遂行任务的能力提高，在现代战争中的地位和作用更加重要，对战争进程乃至战争结局都产生了重要的甚至是决定性影响。大量航空武器装备在局部战争使用，引起了空中力量战役、战斗使用的发展变化。

越南战争中的空中作战

美国侵略越南的战争，从 1961 年 5 月 14 日美军"特种作战部队"入侵越南开始，到 1973 年最后一批美国军事人员从越南南方撤走为止，历时近 12 年。这是第二次世界大战后持续时间最长、规模最大的一次现代化局部战争。在这场战争中，美国使用了大量的空中力量，对越南军民进行了狂轰滥炸，

美军特种作战部队

并使用各种飞机配合地面部队作战。美国把越南战场看做它的新武器试验场，尤其是许多新式航空武器装备，大都用于越南空中作战，导致空中作战样式和方法发生了实质性的变化。美国空军在越南战场作战使用的经验，对各国的空中力量建设和未来空中作战使用，具有一定的意义。

战略要地——越南

越南地处亚洲中南半岛东部，东南临海，地幅狭长，南北长1650千米，东西最宽处600千米，最窄处仅50千米，总面积为3296万平方千米，人口为1623万人。北部与中国接壤，西部与老挝、柬埔寨交界。越南是一个多山的国家，境内3/4是山地和高原，主要分布于北部和西部。平原只占1/4，集中分布在红河、湄公河下游及东部沿海地区。国内交通方便，有各类机场180个，铁路全长3220千米，公路总长8.57万千米，内河水路达7000千米。越南属热带、亚热带季风气候区，高温多雨，5～10月份为雨季，11月至翌年4月为旱季。越南经济以农业为主，主要粮食作物是稻米，经济作物有天然橡胶、黄麻、甘蔗、茶、烟叶等，林业资源、药材资源和矿产资源也较丰富。

越南的战略地位十分重要，它处于东南亚的中心地带，扼太平洋、印度洋交通要冲，海岸线曲折漫长，达2240千米，有众多天然港湾。

越南战争中的美国空中力量

越南战争中，美国投入了空军、海军、陆军和海军陆战队的各种航空部队，主要有战略空军第8航空队，战术空军第7、第13航空队和海军第77特混舰队航空兵、陆战队第1航空联队，有各型作战飞机2000余架，直升机约3000架。

1961年5月越南战争爆发后，美国空军于同年11月便派遣了一支空中别动队去越南南方。这支分遣队装备飞机16架，共有官兵500人。从此，美国空中力量便正式为越南南方伪军提供空中支援，到1964年8月战争升级以前，美国空军陆续进驻越南南方的各型飞机共78架，人员增至4500人，另外还有陆军航空兵和海军陆战队的直升机174架。主要任务是支援越

南南方伪军地面作战。1964年8月,为了制造扩大战争的口实,美军蓄意制造了两次"北部湾事件",使美国发动的侵越战争由"特种战争"转化为局部战争。为了对越南北方实施大规模轰炸,美国违反日内瓦协议,将喷气式飞机运往越南和其他东南亚国家,并将战火从越南南方蔓延到北方,形成了"南打"和"北炸"两个相互联系的战场。

海军陆战队

战争升级后,1965年3月2日,美国空军开始实施以"滚雷"为代号的空中战役,从对北纬20°线以南地区和毗邻老挝境内的交通运输线的空袭,逐步扩大到河内和海防以外的整个北方地区。这一战役持续时间长达3年零8个月,共出动战术飞机30.4万架次,B—52型战略轰炸机2380架次,投弹64.3万吨。与此同时,美国空中力量在越南南方战场上,直接支援地面部队作战,并协助地面部队广泛实施空中机动作战,进行空中侦察和战略、战术空运。战争后期,美国推行战争"越南化"计划,空军部队分批撤出越南。至1972年3月,留在越南的空军兵力仅有4个战斗机中队,飞机不足100架,支援地面作战的任务,逐步交给了越南南方的空军。

1972年3月底,越南南方人民武装力量发动凌厉攻势,越南南方的政权濒于覆灭。5月8日,越、美巴黎和谈陷于僵局。美国为了挽救越南南方的政权,体面地从越南脱身,又迅速组织空军部队重返越南南方参战,重新恢复了对越南北方的全面轰炸,企图"以炸迫和"。从1972年5月至12月,美国空军先后实施了规模空前的以"后卫"为代号的空中战役,集中连续地全力对北方进行了轰炸,使越南北方工业系统、交通运输、军事基地和物资囤集地等重要目标,遭到严重破坏,军事潜力受到严重削弱。1973年1月27日,美、越双方在巴黎签订了和平协定。3月28日,美国从越南

南方撤走最后一批军事人员，并公开承认："在越南进行的战争干涉以遭受失败和蒙受耻辱而告终。"整个战争中，美军投入作战的各型飞机和直升机最多时近6000架，战斗出动129万次，投弹750多万吨。美国空军的飞机被越南军民击落、击毁8000多架。

美国空军的空袭作战

美国空军在越南战场的空袭作战，主要是对交通运输线的空袭，以切断北方与南方的联系，阻止北方对南方的支援。除日常战术性突击外，集中组织了代号为"滚雷""后卫"Ⅰ、"后卫"Ⅱ的3次持续时间较长、规模较大的空中战役。"滚雷"空中战役。从1965年3月2日起至1905年11月1日止，持续时间达3年零8个月，袭击的重点是清化桥和杜梅桥。清化桥位于4号铁路线上清化市附近，是河内至荣市铁路线上的唯一一座大型铁桥。炸毁这座桥，可使河内以南地区的铁路陷于瘫痪。杜梅桥是越南北方铁路的枢纽，越南北方的5条铁路干线中有4条在河内北郊会合，经由该桥跨过红河。摧毁它，就切断了河内与海防以及与中国中南和西南地区的联系。因此，美军一直企图尽早摧毁这两个重要目标，阻止北方对南方的支援。1965年4月3日，美国空军对清化桥进行了首次空袭，出动F—105、F—100型飞机79架，共投下3400千克级普通炸弹120枚，发射"小斗犬"式空地导弹32枚，虽使桥上遍布弹痕，但未能炸毁铁桥。

在此后几年中，美国空军和海军航空兵多次出动飞机对这座桥实施突击，均未能达到目的，相反却损失了不少飞机和飞行员。1967年8月11日，美空军F—105型飞机36架，对杜梅桥进行了突击，炸毁了一段桥身，两个月后被修复。美空军总共出动飞机177架次，投弹

"滚雷"空中战役

380吨。该桥经过几次不断被炸又不断修复之后，终于被炸毁。在历时3年零8个月的"滚雷"战役中，美军共出动战术飞机30.4万架次，B—52型战略轰炸机2380架次，投弹64.3万吨。虽然给越南造成很大损失，但基本上未能达到实施"滚雷"战役的预期目的。

"后卫"空中战役是美军在越南战争中，从1972年5月10日至10月23日进行的一次空中战役，是美国总统下令实施"后卫"战役的第一个分战役，历时5个月零13天。主要企图是炸毁交通线阻止北方对南方的支援，以向越南施加压力，争取和谈的有利条件。与逐步升级的"滚雷"战役不同，"后卫"战役是短暂而激烈的。在这次战役中，美国空军在兵力使用上更为集中，并且广泛使用了激光制导炸弹和电视制导炸弹等精确制导武器，击中目标的概率达80%～90%，这比以前使用的普通炸弹要高得多。使用电视制导武器时，不需要载机或其他飞机专门照射目标，飞行员或武器操纵员用电视光学传感器截获目标后，即可投弹，炸弹可自行导向目标，直到命中。这种制导炸弹的效能也比普通炸弹大得多。这就大大提高了突击效果。

"后卫"Ⅰ战役开始的第一天，即5月10日，美空军出动16架F—4型飞机，每架飞机携带2枚精确制导炸弹（3个小队携带激光制导炸弹，1个小队携带电视制导炸弹）突击杜梅桥，共投下22枚激光制导炸弹和7枚电视制导炸弹，有12枚炸弹直接命中目标，炸毁了杜梅桥。由于使用了精确制导炸弹，两个半月时间就炸毁

地空导弹

了越南北方境内桥梁106座，取得了"滚雷"战役中3年没有获得的战果。至10月下旬，由于越、美双方在谈判中表示了和平的愿望，"后卫"Ⅰ战役于10月23日结束。

电视制导炸弹

"后卫"I战役是在美国停炸诱和企图落空，为了挽救败局和进一步迫使越南让步，把越南"炸"回到谈判桌上来，进而达到"以炸迫和"的政治目的，而在1972年12月18日发起的。美国空中力量在对越南北方持续轰炸11个昼夜后，于12月29日结束。战役发起前，按"最大兵力出击"进行了快速周密的准备，调整了兵力部署，加强了组织指挥与协同，并对越南北方的重要目标进行了空中侦察，选择了突袭的目标和航线。整个战役分为两个阶段进行。

12月18日至24日为第一阶段。美国空中力量对越南北方连续轰炸7昼夜。担任此次轰炸战役的主要飞机是B—52型远程轰炸机。18日夜间，129架B—52型轰炸机分3个波次突击了越南北方的目标。第一波次由关岛起飞的9架B—52D和18架B—52G，以及从泰国的乌塔堡起飞的21架B—52D型组成。它们从老挝进入，突击了和乐、夹市和福安的米格机场。同时，F—4型飞机用激光制导炸弹突击了河内发电厂、广播电台和铁路编组站。A—7和F—4型飞机突击了安沛机场。F—111型飞机随后也对机场、地空导弹阵地和调车场进行了突击。从此开始了连续7昼夜的轰炸。这期间，B—52型飞机出动了23个波次，平均每夜3个波次，每波15~30架，每天出动33~129架次。在战术飞机护航和配合下，集中突击了河内地区的主要目标，如铁路枢纽、机场、军火库等。战术飞机共出动26个波次，每天约4个波次，90~240架次，对电站、桥梁、雷达站、地空导弹阵地等目标进行突击。12月25日是圣诞节，轰炸停止了一天，这便是"后卫"I战役第一阶段和第二阶段的分界。事实上，这一天被美国空军用来拟定下一阶段的攻击计划，准备着更大规模的空袭。

12月26日，开始了战役的第二阶段。经过连续4昼夜的轰炸，到29

日结束。在12月26日的一次突击中，共出动了120架B—52型轰炸机，分7个波次同时攻击河内地区的主要目标。这是"后卫"战役中规模最大的一次突击。在其后的3天中，B—52型轰炸机每夜都出动60架次，战术飞机每天出动115～200架次，对铁路枢纽、军用物资囤集地等主要目标进行突击。12月30日，越、美双方决定重新进行谈判，"后卫"战役宣告结束。

在为时11天的"后卫"1战役中，B—52型轰炸机总共出动729架次，战术飞机共出动1800架次，共投下1.5万吨炸弹，对越南的作战后勤补给系统造成了严重的破坏。美军宣布损失飞机37架，越方宣称击落美机81架。

美国对越南北方、老挝的空中阻滞作战

越南战争期间，美、越空中力量对比，美军占有压倒的优势。这样，空中阻滞作战成为美空军最优先、最主要的任务。从1965～1973年，美军用于空中阻滞作战的飞机出动量，占作战飞机总出动量的65%～70%，并且总是把新型F—4、F—100、F—105等超音速喷气式飞机和电子设备、电子战器材以及武器弹药优先用于空中阻滞作战。作战行动虽然在各战区同时展开，但是重点始终是越南北方的铁路交通系统尤其是"胡志明小道"。胡志明小道位于毗邻越南的老挝东部丛林山岳地带，以几条平行的公路为骨干，并由许多条支线和小道组成的道路体系，总长度为3500千米左右，是沟通越南南北交通运输的大动脉。北方绝大部分人员和物资都通过铁路运往"胡志明小道"和非军事区，再转送到南方战场。

美军此举的目的是切断主要交通线，孤立南方战场，使越南人民武装失去后方支援而不能持久作战。美国空军在对铁路系统进行空中阻滞作战时，始终把桥梁列为首要目标加以突击，因为桥梁被毁后难以很快修复，能使运输长时间中断。在对公路系统，特别是对位于老挝东部丛林山岳地带的"胡志明小道"突击时，则首先集中兵力重点突击公路系统中的山口、桥梁、渡口等要害部位，使交通中断，造成人员、车辆和作战物资集聚在一起，然后再加以突击，将其摧毁。对一些重要目标，一般都是首次突击集中30架以上歼击轰炸机和攻击机，对目标进行大规模轰炸。之后，为阻

止越方抢修,相继以 4~8 架小编队分批轮番轰炸,然后视情况再集中轰炸,以不间断的突击使交通运输瘫痪。1965~1967 年,美机在"老挝走廊"这一地区投弹达 100 万吨,目的就在于要彻底切断"胡志明小道"和非军事区的交通线。为了适应夜间作战的需要,美军专门改装了运输机,使用武装运输机进行空中阻滞作战。如改装后的 AC—130 型运输机,能长时间在低空、超低空活动,续航时间长达 12 小时。机上装备 1 门 20 毫米 6 管"火神"机关炮、1 门 40 毫米机关炮和 1 门 105 毫米反坦克

机关炮

炮,火力较强。机上还装有远距搜索雷达、瞄准雷达和星光仪等夜视、夜瞄设备,不仅能把对目标的搜索与攻击的功能结合起来,还可为战斗轰炸机指示目标。AC—130 型运输机通常与 F—4 型战斗机配合遂行空中阻滞任务,取得了较大的突击效果。美军进行的空中阻滞作战,使越南的铁路干线、交通枢纽、公路网等交通系统遭到严重破坏,降低了越南军民的运输能力,迟滞了人员和物资的输送速度,给越南人民的抗美救国斗争带来很大困难。但是,美军始终没有达到中断北方对南方后勤补给的目的。

美国在越南南方的近距空中支援和机动作战

美国空军驻越南南方的航空兵部队、海军陆战队第 1 航空联队和陆军航空兵武装直升机部队,被主要用来遂行近距空中支援任务,协同地面部队作战。使用的飞机有歼击机、战略轰炸机、武装直升机和武装运输机。美军的近距空中支援主要是突击越军部队和集结地;压制机降地域的越方火力,摧毁越军的防御攻势,开辟着陆场;破坏越军进入和退出作战地区的通道。美军针对越南南方战场的特点,实施近距空中支援采取的主要做法是实行寻歼作战,大量使用直升机和战略轰炸机,广泛使用空中前方航空

兵控制员控制突击活动。

寻歼作战是美军在越南南方陆、空联合作战采用的一种新战法。美军根据事先掌握的情报，派出地面部队深入到人民武装力量活动的丛林地区，诱使敌方进入开阔地，暴露在航空兵火力之下，待敌人有生力量被航空兵火力大量杀伤后，地面部队再去消灭敌残存力量。寻歼作战通常都是按预先拟定的作战计划实施的，对机遇目标临时突击只占少数。据美国驻越南南方军援司令部称，这种战法取得了较好的效果，越军伤亡人员中70%以上是由航空兵突击造成的。

直升机和战略轰炸机大量用于近距空中支援。由于直升机不需要专门的机场，能携带多种武器，受天气影响小，又编在陆军建制内，实施陆、空协同十分方便。因此，美军近距空中支援除空军兵力外，大部分是由陆军编成内的直升机进行的。此外，美军还超出常规地运用了B—52型战略轰炸机遂行近距空中支援任务，发挥B—52型轰炸机强大的面积轰炸能力，对隐蔽于丛林之中的南方人民武装力量的集结地域和物资贮存地等重要目标进行轰炸，并参加联合寻歼作战，在丛林中为直升机开辟着陆场、支援被围困的部队、为支援部队打开通道。

使用空中前方航空兵控制员控制突击活动。空中前方航空兵控制员居高临下，视野开阔，较之地面前方控制员具有更大的优越性。他们能适时提供战场情报，引导攻击机飞行员准确地突击指定目标，对紧急情况作出快速反应，比较适应现代条件下实施近距空中支援的需要。因此，美军在越南南方各个战场上都设有空中前方航空兵控制员。他们身在战场上空，发现和识别目标迅速、准确，能清晰地识别敌我，并能及时灵活、具体地指挥航空

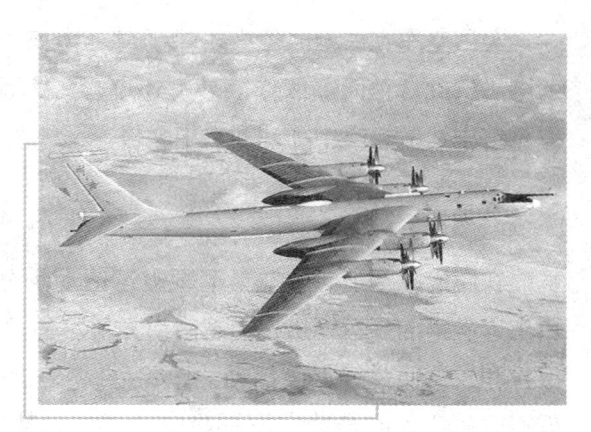

战略轰炸机

兵投入攻击，大大提高了航空兵的作战效能，对成功地实施近距空中支援，发挥了重要作用。

美国空军在越南作战的另一重要样式是空中机动作战。越南是个多山的国家，地形复杂，丛林密布，地面作战部队行动不便。战争初期，直升机主要用于机动地面部队，深入边远地区作战。1965年6月，美国陆军第1空中骑兵师（即空中机动师）正式成立并投入越南作战。随着战争逐步升级，越南北方正规部队进入南方展开运动战，美军进一步加强了空中机动作战，配合地面部队围歼越南人民武装主力部队，实施"蛙跳"式机降，追击越南人民武装，偷袭指挥机构、交通枢纽等主要目标，或用于紧急增援，策应突围。空中机动作战的力量、使用范围和作战规模都越来越大。例如1971年春，美军进行的"兰山719"作战，出动了1500余架直升机，从空中机动2个师的兵力，袭击老挝交通线上的重镇车邦。在处境不利时，又将这些兵力从空中撤走，避免了严重损失。空中机动作战完全超越了地面障碍，提高了地面部队的机动速度，相对增加了可使用的兵力。

美国空军在越南战争中的保障活动

美国空军在越南战争中，除了对越南南方和北方进行狂轰滥炸，使用各种飞机配合地面部队作战外，还进行了大量为战争服务的保障活动，主要是空中运输、空中加油和空中救援。

空中运输

在越南战场上，美空军军事空运活动十分突出。美国空中力量进入越南南方最早的是运输机，为越南南方伪军的"清剿"作战提供了一些空运、空投和投照明弹等保障活动。1965年，美军大规模入侵越南南方后，担任战略空运任务的是美空军军事空运部。该部当时辖34个运输机中队，有540多架中、远程运输机，大部分投入了战略空运任务，保障了地面部队和航空兵部队向东南亚的快速机动和展开，从美国本土和太平洋地区美军基地往越南南方空运了大量物资。为了提高战略空运的效率，美空军使用了物资装卸自动化设备，加快了物资装卸速度。在中途基地配备了备分空勤

组，歇人不歇机，使飞机中途停留时间由 15 小时缩短为 4 小时。保证了按时把物资送达所需部队。战争逐步升级后，空运量不断上升，美空军国民警卫队和空军后备队的运输机，也参与了从美国本土往太平洋战区的战略空运。整个战争期间，美军还租用了大量民航机，空运人员和物资分别占空运总量的 88% 和 40% 美国空军战术航空兵的运输机部队，承担了越南南方战场的战术空运任务。主要是将深入到边远地区作战的部队运送到前方机降场，并为他们提供机动作战的物资保障；为在山地、丛林地区作战或被围困的部队提供物资和弹药补给，以及通过空运后送伤病员等。1962～1973 年的 11 年中，战术空运部队共运送物资 700 多万吨，基本上保证了作战需要。1965～1973 年的 8 年中，共后送伤员 40.6 万多人。

空中加油

美国空军的空中加油机，第一次参加越南空中作战是在 1964 年 6 月 9 日。当日，4 架 KC—135 喷气式加油机，在岘港上空为空袭老挝的 8 架 F—100 型战斗机加油。美机空中加油保障工作是逐步开展的，从只保障轰炸机活

空中加油

动和战术飞机的长途转场，到为飞往越南北方遂行任务的所有战斗机加油。加油机通常在老挝和北部湾上空指定的区域活动，为其往返的战斗机加油。1964～1973 年的 9 年中，加油机共出动了近 19.5 万架次，实施空中加油近 81.4 万次，供油量约 48.6 万吨。实施空中加油，延长了飞机的续航时间，提高了战术航空兵的快速反应能力，增加了战术航空兵使用的灵活性，也使战斗机的战术性能得到了更好地发挥。

空中救援

在越南战争中，美军广泛采用直升机进行空中救援作战，取得了很大

成效，对保存部队战斗力、鼓舞士气、拯救人员生命起了重要作用。1962年4月，美军在越南建立了太平洋空中救援中心第3分遣队。1966年1月，又将其扩建为第3航空航天救援和接应大队，负责计划、组织、协调和控制救援活动。该大队下辖3个救援中队、14个救援特遣队，共有救援指挥机和救援直升机20多架，人员约700人，分别驻在越南南方和泰国空军基地。他们不仅在越南南方战场实施救护任务，有时还进入越南北方进行空中救援活动。在美军实施的"后卫"战役期间，他们救回26名被击落的B—52型轰炸机乘员，占被击落机组人员总数的25.2万。1964～1973年，他们共拯救了3553人，其中美军人员2807人。

越南人民军空军的成长

越南人民军空军从1949年4月成立空军研究委员会起，到参加抗美救国战争时，还处在初建时期，当时仅有一所培养空军技术人员的航空学校和刚刚组建的空军第1团（驻中国蒙自机场）。1964年8月5日，美军在越南南方进行的特种战争破产后，借口北部湾事件，开始了蓄谋已久的对越南北方的空袭，并向南方大量增派部队，把特种战争升级为规模较大的局部战争。

米格战斗机

为了抗击美国空中力量的袭击，越南空军第1团奉命从中国蒙自机场转回国内的内排机场。从此，越南空军进入了抗美救国战争时期。同年10月，越南在中国蒙自机场以中国代训的飞行学员为主，又组建了空军第2团，装备了米格—17型飞机。不久，该团也奉调回国参加抗美救国战争。翌年3月，越南空军第一个航空兵师——第371师在内排机场组建，担负起河内、海防市以及越南北方地区的防空作战任务。当时仅有200架飞机的弱小的越南空

军，在其他军兵种和人民群众的配合下，对占绝对优势的美国空中力量进行了顽强的抗击，打击了敌人，并使自己在战斗中成长起来。1965年4月3日，越南空军首次参战，就在高炮部队密切配合下，击落对北方清化等地进行轰炸的美机10架，次日又击落美F—105飞机2架。为了庆祝首战告捷，胡志明主席致函表彰了首建战功的空军部队。越中央军委将4月3日定为越南空军节，以志纪念。

1966年，越南空军又组建了第925团、第927团，均装备歼—6型坛机。同时，921团改装了米格—21型飞机。到战争结束后的1974年，越南空军已编有1个航空兵师即第371师（下辖第921、第923、第925、第927团），1所航校（下辖第910第920团），1个运输团和1个轰炸机大队。

在整个抗美救国战争期间，越南空军参战300余次，同地空导弹和高炮部队一起，共击落击伤美机8000多架，并缴获美机900余架，沉重地打击了美国空中力量。

1975年5月，越南空军开始扩编，进入了战后扩建时期。6月，越南空军利用缴获的美机，在新山一组建了第950空军旅（下辖第917、第918飞行团），装备美制运输机和直升机。在边和、芹苴分别组建第935、第937飞行团，装备美制F—5和A—37型飞机。7月，将航校从中国祥云迁回国内。9月，在边和成立第372师（下辖第935和937飞行团）。与此同时，将运输团扩编为旅。年底，又将该旅所属直升机5营扩编为916飞行团，配属371师。1976年6月，越南军队决定空军和防空军分建。空军又进行了一次新的体制调整，在岘港新成立了第370师（下辖第921、第925、第929团），撤销了新山一空军前指和950空军旅，将第917、第918团并入第372师。航校在金兰湾机场组建了第930团，并对部分师、团建制关系作了调整。在此后的几年中，越军为加紧备战活动，大量接收苏联援助的飞机（439架），进一步加强了空军建设。到20世纪70年代末，越南空军总兵力一直保持在4万人，编为3个航空兵师、1所航校、3个直属飞行团、1个基地团和1个通信团。共有各型飞机490架，其中作战飞机339架。

越南战争为空军建设提供的经验

越南战争中的空中作战使用了大量新式航空武器装备，空中作战的样

式和方法，较之第二次世界大战和战后初期的空中作战，发生了实质性的变化，空中力量在战斗、战役乃至整个战争中的作用明显增大，反映了现代条件下空中作战的特点。虽然越南战争是在特定历史条件下进行的，空中作战经验有很大的局限性，但在一定程度上显示出未来空中作战武器和战术发展的趋势。认真研究、吸取这次局部战争空中作战的一些主要经验，对加速空军建设仍具有重要意义。

必须高度重视运用空军，把空军作为常规战争中的主要打击力量。越南战场的实战情况表明，现代空中力量以它特有的高速机动能力、远程续航能力和猛烈突击能力等优越条件，而成为战争中的一把利剑。因此，美军在越南战场上对空中力量的使用不断增加频率和兵力。1964年，从特种战争阶段转入局部战争时，美国投入越南战场的飞机约1000架，在战争结束阶段最多时达到5000多架，消耗弹药总量相当于第二次世界大战期间美、英空军弹药消耗量的近4倍，是朝鲜战场上美军总投弹量的11倍。美国空军在越南战争中运用的空中力量比例比在朝鲜战争中增加近2.5倍。在越南战争进程中，人们看到，不论南方还是北方，也不论是陆上还是海上作战，都离不开空中力量。在越南南方战场上，由于地形复杂，地面部队机动困难，由航空兵承担了大量歼敌的任务。在越南北方，美军自始至终都是只使用空中力量进行空袭作战，而没有派出地面部队。在空中力量的运用受到最高当局严格限制的情况下，仍使越南军事潜力受到严重破坏。越军伤亡总人数的70%是被美军空中力量杀伤的。在战争后期，美国还把空中力量作为达到"以炸迫和"的政治手段，在一定程度上达到了预期的目的。

必须高度重视夺取和保持制空权的斗争。在整个越南战场上，美国空中力量占有绝对优势，在这种双方力量十分悬殊的条件下，仍强调夺取制空权的斗争。美军认为，空军在战争中遂行的第一项任务就是夺取并保持制空权。有了空中优势，才能有效地掩护地面和海上作战顺利进行。鉴于越南战场上对美空军的主要威胁是地面防空力量，因此，美空军始终以相当多的兵力突击越南北方地面防空系统，并不断改变空袭作战的样式和方法。比如空袭初期，基本上是由单一的战斗轰炸机或攻击机组成的兵力对越南北方实施空袭。随着越南北方防空力量的增强，使用的支援保障兵力

和专业飞机逐步增多。

1967年以前，美军进行的每次大规模空袭，保障兵力与突击兵力的比率基本上保持在1∶1左右，到1972年"后卫"战役期间，保障兵力与突击兵力的比率增大到4∶1。在越南北方防空严密地区遂行任务，比率常常达到5∶1。支援保障兵力大大超过突击兵力。美空军在越南战场实施的多种专业飞机协调一致地配合突击编队作战，是现代条件下空中作战样式的新发展，取得了明显的实战效果。当越南空军开始有一定作战能力时，美军就采用各种手段，企图消灭越南空中力量。比如，美空军曾实施以"波洛"为代号的空中游猎活动，采用"诱饵"战术，引诱越机上钩，并集中兵力击落越机。美空军用大量兵力突击地面防空兵器和诱歼越机，目的都在于保持制空权。

必须不断更新和改进航空武器装备。美空军在越南空中作战中，大量使用了新式航空武器装备，在实战中检验其作战效能并积累使用经验。他们还根据实战需要，不断研制和改进了一些武器装备。美空军把设备先进的超音速战斗机和战斗轰炸机投入越南空中作战，使战术航空兵能对敌方战役全纵深和战略后方实施突击，并能

激光制导炸弹

对瞬息万变的战场情况迅速准确的做出反应。美军使用以激光制导炸弹为代表的机载空对地武器在战争中崭露锋芒，大大提高了航空武器的杀伤概率。这从美空军对杜梅桥实施突击的过程中，便可清楚地看出新式航空武器巨大的作战效果：美国空军从1965年4月3日开始首次突击杜梅桥，到1972年初的7年中，美国空军和海军航空兵的战斗轰炸机、攻击机，先后突击了数十次，投下了上万吨普通炸弹，损失了不少飞机和飞行员，耗资

10亿美元以上，但始终未能把杜梅桥摧毁，桥上虽然遍布弹痕，但是稍加修理便又可以通车。从1972年5月13日改用激光制导炸弹突击后，第一天投下24枚激光制导炸弹，就炸塌了一节桥身。第二天又投下8枚激光制导炸弹，炸塌了另一节桥身，致使整个大桥遭到毁灭性破坏。这是一个比较典型的例子。此外，美空军还使用了集束炸弹、空气燃料炸弹、钢珠弹等面积杀伤武器，大大增强了航空兵突击地面目标的能力。美军把空中加油技术运用于战术飞机的战斗活动领域，大大增强了战术航空兵使用的灵活性。

必须重视实施空中合同作战。大量新式飞机和武器在越南战场上使用，导致了新的作战和指挥方法的产生，出现了多机种组成的混合机群实施合同作战的新样式，各机种互相配合、互相依存以取得胜利。从此，美军不再把空军作战看成是单一的问题，而是把它作为一个综合体来考虑。因为，航空设备的更新和武器命中精度的提高，使航空兵的作战能力大大增强，达到预期作战目的所需的突击兵力大为减少；还因为，以地空导弹为主体的对空防御体系的出现，突击兵力突防时所需的支援保障兵力日益增多，分工越来越细，实施电子对抗、专门压制地面防空兵器、监视空中情况、空中救援和空中加油以及进行临空指挥等多种专业飞机，已成为现代空中力量的重要组成部分。因此，它们之间的协调一致，则是空战取得胜利的关键。美空军在"后卫"战役期间，突击兵力和支援保障兵力的组成，通常都是突击飞机16架，支援保障飞机62架，支援保障兵力大大超过突击兵力。

必须高度重视电子战在战争中的地位。在越南战争中，美空军为了对付日益增强的越南北方防空系统，逐步加强了空中电子战。其作战飞机一般都装配了电子对抗吊舱、雷达寻的警告设备和消极干扰金属丝等自卫性电子对抗设备，用于干扰地空导弹制导雷达和高炮炮瞄雷达。专门装配了EB—66、RB—66和EA—6等专用电子对抗飞机。大批飞机轰炸越南北方时，就派出专用电子对抗飞机，大范围施放强烈电子干扰，为突击机群提供突防掩护。使用电子战飞机以后，大大降低了越方地面防空兵器的效能和美机的战损率。据资料统计，1965年，越方平均每发射18枚地空导弹击

落1架美机。1972年，越方平均发射86枚地空导弹才能击落1架美机，击落1架美机的耗弹量增加了近5倍。实践证明，电子战已成为现代战争的一种重要作战方式。电子战技术的进步，也必将大大提高战术航空兵的潜在战斗力。

必须不断完善指挥控制系统。美军空中力量的指挥控制系统，随着战争升级，由战争初期仅在越南南方建立以空援为主的指挥系统，逐步建立了空袭指挥系统。后来又使用空中预警指挥飞机，它既可以搜索监视广大范围的空中目标，向空中作战飞机提供情报，又可以指挥引导多批飞机遂行作战任务，成为现代条件下多机种合同作战、发挥整体威力的空中指挥中心。这就使美军参谋长联席会议、太平洋美军总部和驻越军援司令部直到下属作战单位的从地面到空中作战指挥系统更加完善，作战效能大为提高。越南战争的经验还告诉人们，处于劣势地位的空中力量，只要采取正确的作战方针和方法，也能给优势的敌人以重创。越南北方根据自己防空力量的构成和保卫目标的需要，确立了正确的作战方针，把航空兵主要用于消灭来袭的敌机，打击的重点又是敌轰炸机，并采取符合当时当地特点的作战方法，取得了较好的战果。越南空军1972年12月27日夜间，在安沛以南地区，击落美B—52型战略轰炸机1架，就是一个成功的战例。在这次战斗中，越南空军针对敌机的活动规律，事先把飞机隐蔽地转至敌人不注意的安沛机场，当敌机来袭时，突然出动，采取正确的战术动机，严密协调，机动灵活地打击敌人，一举将敌机击落。

B—52型战略轰炸机

中东地区各国的空军和三次有代表性的战争

中东地区泛指亚洲西部和非洲东北部的辽阔地带，位于欧、亚、非三

大洲的连接处，战略地位十分重要。该地区蕴藏着极为丰富的石油资源，是新老殖民主义者所垂涎的地方。

由于帝国主义和霸权主义的争夺，加之阿拉伯民族和犹太民族由来已久的矛盾，自1948年5月15日以色列国成立以来，这一地区的战争和武装冲突接连不断，构成局部战争规模的就有5次。其中，在20世纪60年代以来发生的3次较大的战争中，交战双方都大量地使用了空中力量，并且对战争的进程和结局起了重大乃至决定性的作用。战争给各国空军的发展以重大影响，他们在总结战争经验教训的基础上，进一步加强了空军建设，战斗力得到了巩固和提高。

中东地区各国的空中力量

中东地区包括埃及、约旦、黎巴嫩、叙利亚、伊拉克、科威特、巴勒斯坦、阿拉伯联合酋长国、阿曼、土耳其、塞浦路斯、伊朗、沙特阿拉伯、卡塔尔、巴林和以色列等18个国家和地区，总面积为740万平方千米，人口约1.7亿。这些国家根据自己的国情，从维护各自的利益出发，都加强了空中力量建设。

埃及空军。埃及历来是中东地区的军事强国之一。埃及空军也已有近60年的历史，走过了曲折的道路。1930年11月2日，埃及在陆军中建立了航空兵。翌年7月，航空兵从陆军分出后成为独立军种，称为"埃及皇家空军"。1953年6月埃及宣布成立共和国后，"埃及皇家空军"改称埃及空军，其规模不断扩大，并换装了新飞机。1956年10月29日至11月7日，英、法联合以色列向埃及发动突然袭击，爆发了第二次中东战争，埃及空军的250余架飞机被英、法飞机炸毁，完全丧失了作战能力。停战后，埃及空军修复了被炸毁的机场，重新装备了苏制飞机，依靠苏联、捷克斯洛伐克（1993年1月1日，分裂为捷克共和国和斯洛伐克共和国）、印度等国的帮助，使空军迅速恢复起来。到1967年6月，已拥有作战飞机430架。正当埃及空军加紧恢复建设时，以色列经过多年精心准备，于1967年6月5日早上派出空军，对埃及空军机场进行了突然袭击，爆发了第三次中东战争。

在这次战争中，埃及空军飞机损失 400 余架，幸存飞机仅 30 架，10 余年恢复建设的成果基本损失殆尽。战争结束后，埃及空军认真总结以往的教训，继续从苏联补充作战飞机，加强了战术技术训练，提高战备水平和电子战能力，同时加强了机场对空防御力量。埃及空军经过 6 年多的艰苦重建，到 1973 年 10 月，共拥有各型飞机 880 架，其中作战飞机 420 架。10 月 6 日，埃及和叙利亚为收复失地，发起了驱逐以色列侵略者的正义战争。在这次战争中，埃及空军发挥了巨大作用，取得了较好的战果。"十月战争"之后，埃及空军加速了现代化建设，装备了大量先进飞机，提高了遂行多种任务的能力。

到 20 世纪 80 年代末，埃及空军已发展到 2.5 万人，装备了空中预警指挥机、电子战飞机、高性能的 F—16、"幻影" 2000 等各型飞机 780 架，其中作战飞机 500 架，成为一支具有一定威慑力量的部队。

伊拉克空军。伊拉克 1921 年宣布独立后，在英国的帮助下着手建立空军，1931 年成立了伊拉克皇家空军领导机构。到 1940 年，伊拉克皇家空军已组建了 6 个飞行中队，主要任务是参加平叛作战。20 世纪 50 年代初，开始装备喷气式飞机。1958 年 7 月费萨尔王朝被推翻，建立了伊拉克共和国，伊拉克皇家空军被改编为伊拉克共和国空军。此后，伊拉克空军在苏联和法国的帮助下，迅速发展起来，到 1980 年 9 月两伊（伊拉克、伊朗）战争爆发时，伊拉克空军已有作战飞机 300 余架。战争初期伊拉克空军出师不利，总结经验教训后，在粉碎伊朗大规模地面攻势的空中作战中发挥了重要作用。两伊战争后，伊拉克空军进行了机场调整，加快了装备更新，加强了教育训练，空军部队战斗力进一步提高，成为中东地区空中力量强国之一。

F—16 "幻影"

叙利亚空军。叙利亚于1946年4月开始组建空军，当时仅有少量的通信联络机和教练机。1948年5月第一次中东战争爆发时，叙空军尚未形成战斗力。战后，叙利亚政府从战争中看到空军的巨大作用，加快了空军的建设。1956年10月第二次中东战争中，叙空军的90余架作战飞机绝大部分被英、法空军摧毁于地面，仅有4架飞机幸存下来。此后，叙利亚空军在苏联的支持和帮助下，经过10余年努力，到1967年6月第三次中东战争前夕，又拥有歼击机和强击机约150架。但这些飞机还未投入战斗，就被以色列空军利用突然袭击，将其半数摧毁于地面，基本丧失了战斗能力。战争结束后，叙利亚继续从苏联买进米格—21型歼击机和苏—7型歼击轰炸机，扩建空军部队。1973年10月6日，叙利亚同埃及等阿拉伯国家对以色列发动了一次收复失地的战争，即第四次中东战争。在这次战争中，叙空军动用了310架作战飞机积极出战，终因飞行员技术、战术水平不高，又损失作战飞机131架。后来几年虽然又从苏联获得新飞机补充，但是在1982年6月以色列入侵黎巴嫩的战争中，叙利亚空军在与以色列空军的空战中又损失作战飞机84架。战争结束后，苏联为恢复叙利亚空军的作战能力，又为叙利亚空军提供新型作战飞机，并派出专家帮助训练。到20世纪80年代末，叙空军兵力7万余人，装备各型飞机近千架，成为中东地区规模较大、装备先进、有一定作战经验的空中力量。

沙特阿拉伯空军（以下简称沙特空军）。沙特空军是1923年在英国帮助下建立的，当时只有一支小型航空兵部队，用以支援地面部队平叛作战。在较长的时期内，沙特军事航空事业发展缓慢。到20世纪60年代，为保护其石油资源，才逐步加快了空中力量建设步伐，空军的装备也由20世纪60年代以前英制武器为主逐步转向购买美国的现代化武器装备。进入20世纪80年代后，大部分装备都是美制飞机和武器，其中包括70架F—5E型轰炸机、60余架F—15型歼击机和5架E—3A型空中预警指挥机。到80年代末，沙特空军兵力已发展到1.6万余人，拥有各型飞机近800架。沙特空军虽然缺乏作战经验，但是拥有第一流的现代化武器装备和良好的训练素质，是一支值得重视的空中力量。

伊朗空军。伊朗空军经历了伊朗帝国陆军航空局，伊朗帝国空军和伊

朗伊斯兰共和国空军3个发展时期。伊朗帝国于1922年在陆军司令部内设立了航空局，随后，建立起一支陆军航空队。1932年陆军航空局改组为空军司令部时，便以这支陆军航空队为基础，建立了伊朗帝国空军，并在美国帮助下有了较快的发展。到1979年伊朗封建王朝被推翻时，伊朗帝国空军已有兵力10万人，装备作战飞机341架。此外，还有一支较强的空运部队和地空导弹部队，成为海湾地区一支装备优良、战斗力很强的空中力量。伊朗伊斯兰共和国成立后，新政权对空军王室人员进行了清洗，使空军大伤元气。后来在两伊战争中，空军伤亡得不到及时补充，加上伊朗同美国的关系严重恶化，失去了装备来源。因此，空军战斗力日渐衰落。20世纪80年代末，伊朗空军兵力为3.5万人，拥有各型飞机250架，其中作战飞机129架。

土耳其空军。1923年10月29日土耳其共和国成立后，在奥斯曼帝国空军的基础上建立了土耳其空军，1944年2月成为独立军种。第二次世界大战爆发时，土耳其空军已拥有兵力约8500人，装备各型飞机约370架，但没有参加过战斗。1953年2月，土耳其参加了北大西洋公约组织。其后30多年来，土耳其空军在北约各国，尤其是美国的帮助下，有了较快的发展。到20世纪80年代末，土耳其空军共有兵力6.7万余人，装备各型飞机880余架，其中作战飞机476架，是中东地区一支有战斗力的空中威慑力量。

除上述国家的空军外，中东地区其他一些阿拉伯国家的空军到20世纪80年代末也都具有一定的实力：黎巴嫩有空军兵力800人，拥有各型飞机45架，其中作战飞机5架；科威特有空军兵力2200人，拥有各型飞机123架，其中作战飞机36架；阿曼有空军兵力3000人，拥有各型飞机133架，其中作战飞机63架；阿拉伯联合酋长国有空军兵力1500人，拥有各型飞机150架，其中作战飞机61架；北也门有空军兵力1000人，拥有各型飞机137架，其中作战飞机83架；南也门有空军兵力2500人，拥有各型飞机179架，其中作战飞机114架（南北也门在1990年5月22日统一）；约旦有空军兵力1.1万个，拥有各型飞机241架，其中作战飞机111架；巴林有空军兵力450人，拥有各型飞机42架，其中作战飞机12架；卡塔尔空军兵

力300人，拥有各型飞机48架，其中作战飞机13架。

以色列空军

以色列空军。以战斗力强著称的以色列空军，是在犹太复国运动地下武装部队航空兵分队的基础上建立起来的。1948年5月14日，以色列国成立，遂遭到阿拉伯民族的坚决反对，第二天就爆发了第一次中东战争。由于以色列空军当时还没有建立起一支有战斗力的航空兵部队，战斗一开始就吃了没有制空权的苦头，因此，决心在战争中迅速建设空军。以色列利用暂时停火的机会，紧急购买飞机和招募人员，编成了歼击机中队和轰炸机中队，立即投入战斗并发挥了重要作用。第一次中东战斗结束时，以色列空军已有各型飞机250余架。20世纪50年代，以色列空军先后向英、法等国购买性能先进的喷气式飞机，到60年代中期，以色列空军已完成了航空武器装备的更新换代，成为一支以法制飞机为主体、装备先进的空中力量。1967年6月，第三次中东战争后，法国对以色列实施武器禁运，以色列开始进口美制飞机和研制国产飞机，加速了航空武器装备的现代化。几十年来，以色列空军参加了历次中东地区性局部战争，打了一些有名的战役和战斗，作战方法不断更新和发展，积累了丰富的作战经验。此外，还进行了偷袭乌干达恩德培机场抢救人质、空袭伊拉克原子反应堆和轰炸突尼斯南郊巴勒斯坦解放总部等3次著名的空中奇袭作战，显示了以色列空军的威力。到80年代末，以色列空军兵力为2.8万人（不含预备役人员），装备各型飞机1000余架，其中作战飞机600余架，处于中东地区第一空中力量强国的地位，是左右中东局势的一支重要威慑力量。

第三次中东战争中以色列空军的成功突击

以色列为了侵占加沙地带、西奈半岛、约旦河西岸和戈兰高地，进行了长期的周密计划和不懈准备。1967年6月5日，以色列以空军为前导，对埃及、叙利亚和约旦等阿拉伯国家发动了一场"闪电"式的大规模空袭，使阿拉伯国家遭到严重挫折，仅6天时间就达成其作战意图，迫使阿拉伯国家接受停火。

6月5日，以色列出人意料地选择在星期一早晨埃及部队戒备比较松弛，正值雷达操纵人员交接班，飞行员进餐和军官正在上班途中的有利时机，出动全部作战飞机，首先袭击了埃及机场。在不到3小时的时间里，以空军袭击了埃及16个机场，取得了决定性战果。第一天，埃及空军的19个机场遭到突击，约300架埃及空军飞机被击毁在地面，占埃及作战飞机的80%，埃及许多地空导弹阵地和雷达站也被摧毁。当天下午，以色列空军还袭击了叙利亚、约旦和伊拉克的一些机场，一举夺得制空权，为地面部队的进攻和迅速取得胜利提供了空中保障。开战后仅2天，阿方就损失飞机416架。至11日停火，阿方损失飞机560架，以方损失飞机46架，阿、以双方损失飞机比为12∶1。

以色列空军夺取制空权后，立即转入支援地面军队作战，加快了地面部队的进攻速度，6天内迅速攻占了加沙地带，全歼在西奈半岛的埃及军队，占领整个约旦河西岸地区和戈兰高地大部分地区，从而迫使阿方同意停火。

以色列空军对阿拉伯国家空军的突然袭击，是第二次世界大战后最为成功、战果最大的一次空中突袭行动。以色列空军在战争之初全力夺取制空权，夺取制空权之后，其主力立即转为支援地面部队的进攻作战，压制叙军的炮火，攻击叙军的装甲部队和坦克部队，摧毁敌方坚固的掩体和碉堡等目标，使现代空中力量强大的突击能力和机动能力得到充分发挥。这不仅使本国和己方地面进攻部队免遭敌方空袭，获得了行动自由，也使敌方地面部队因失去空中保障并不断遭到空袭而节节败退。

这次战争虽然只进行了6天，但双方在空中力量的运用上却提供了许多

宝贵的经验教训。

以色列这次突袭作战取得较大成功，从总体上讲，是正确使用了空军，即把空军用于夺取制空权和用于支援地面军队作战的时机把握得恰到好处，使空中力量的真正价值得到充分发挥，在战争中起了决定性作用。空军作战本身也有许多成功的经验。比如周密细致的战前准备，是袭击成功的基础。战前，以色列加强了情报工作，派遣特工人员潜入阿拉伯国家、派侦察机和直升机到边境和敌区搜集情报、窃听敌军统率机关和部队的通信联络，从而对敌方的情况了如指掌。在此基础上，制定出作战计划，进行酷似实战的模拟攻击训练。通过佯动，声东击西，造成敌方错觉，隐蔽其战略企图。同时，采取各种措施，提高飞机的维修质量，使飞机处于良好状态，增大飞机的出动强度。选择有利的突击时机，达成作战的突然性，这是突击成功的关键。

埃及等阿拉伯国家遭致惨重的失败，除了指挥当局战略指导错误、对以色列发动战争估计不足、部队麻痹轻敌、战备松懈和防空体系不完善等因素外，就空军本身而言，人员训练素质差，也是一个重要的因素。开战当天，埃及空军飞机良好率只有 50%，一些飞行员强行起飞迎战，但又不是以色列飞行员的对手，不是被击落，就是着陆时坠毁，教训是极其深刻的。

空中作战激烈的第四次中东战争

埃及、叙利亚等阿拉伯国家，为了收复第三次中东战争中被以色列占领的土地，于 1973 年 10 月 6 日，同时发起了驱逐以色列侵略者的正义战争，至 24 日接受完全停火，战争历时 18 天。这次战争的进程可分为 3 个阶段。双方在每个阶段都大量使用了航空兵，共出动飞机 4.2

以色列空军

万架次。埃、叙两国还使用了大量现代防空武器。

第一阶段，10月6日至9日。10月6日14时，埃、叙两国从西、北两线同时开始了大规模的空中突击。西线埃军出动200架飞机，首先袭击了以色列军队的指挥部等重要目标，掩护第一梯队的第23军团强渡运河。第2、3军团突破了巴列夫防线，控制了运河以东10～15千米地区。北线叙军在空军支援下，第一梯队3个师全线突破戈兰高地以军防线。随后，第二梯队2个师也投入战斗，北路攻克了马萨达，中路包围了库奈特拉，南路攻占了菲格，越过了1967年停火线30余千米。与此同时，双方空军展开了争夺制空权的战斗。开战当日下午，以色列空军为支援一线防御部队，在戈兰高地上空的战斗中，被叙军地空导弹击落飞机40架，损失惨重。后来，以色列空军经过4天空中作战，击毁阿方飞机约200架，才开始扭转空中形势。

第二阶段，10月10日至15日。西线埃军受阻，北线以军获胜。西线埃军进至运河以东10多千米处便停止了进攻，然后取加强运河东岸防线的防御作战态势。以军则借此机会集中地面兵力，在空军支援下，于10日3路向北线叙军进行反突击。11日，叙军退出戈兰高地。12日，以军继续向前推进，越过1967年停火线，进至距叙首都仅有30千米的马勃山、萨萨、贝特金一线。13日，叙军在伊拉克、约旦、沙特阿拉伯等国军队支援下才阻止了以军前进，出现对峙局面。此时，以军立即调兵增援西线。14日，当埃军以1000辆坦克和大批飞机再度大举进攻时，以军增援兵力已到，阻止了埃军的进攻。

第三阶段，10月16日至24日。西线以军发起进攻，突入运河西岸，北线叙、以军继续对峙。16日以后，以军根据美国提供的情报，抓住埃军第2、第3军团结合部的间隙和埃后方空虚的有利战机，突入运河西岸，在其空军的有力支援下，向南发起进攻，扩大了在运河西岸的占领区。22日，阿拉伯国家在战局不利的形势下，接受联合国大会的停战决议。以色列也在24日接受停战决议，此次战争宣告结束。阿、以双方空军在这次战争中都付出巨大代价，阿方损失飞机447架，以军损失飞机109架。在这次战争中，阿、以双方都十分重视对空中力量的运用，取得了一定的成功。主要特点是：

（1）航空兵首先用于支援地面军队作战。在西奈战线：埃及空军各类作战飞机200余架，先于步兵成功地发起了突然袭击，有力地支援了地面部队顺利渡河并突破以色列防线。在戈兰高地战线，叙利亚空军在地面部队进攻发起前后，连续出动大批飞机，支援地面部队突破以军防线并向纵深进发。当第一线的以军遭到埃、叙军队突然袭击陷入困境时，以色列空军也是首先用于支援坚守防御的地面部队，突击埃军地面目标，并掩护己方地面部队免遭空袭。以军在戈兰高地战线反击成功后，主力南下，以空军主力也随之改变作战方向，积极投入西线战场，击毁大量埃军坦克。以后，又对地面军队的渡河行动和运河西岸的战斗进行了积极的空中支援，用各种火力打得埃军止步不前。

（2）大量使用地空导弹，航空兵与防空兵器对抗，争夺制空权的斗争激烈。埃及以地空导弹为主，部署了严格的对空防御体系。其防空部队的展开地域不限于运河地带和西奈半岛，几乎遍布埃及整个国土，构成了强大的防空火力屏幕。埃及仅在运河西岸正面90千米、纵深30千米的地域内，就配置了62个导弹营、200具萨姆—7型导弹和300多门高炮。叙利亚也在戈兰高地战区正面50千米、纵深30千米的地域内，配置了36个导弹营、160具萨姆—7型导弹和200门高炮。它们各自形成了一个高、中、低空和远、中、近程相结合的火力杀伤区。战争初期，阿方以严密的防空火力掩护了地面部队的作战行动。开战当天，以色列空军在对一线防御部队实施空中支援时，遭到了阿方防空火网的沉重打击，损失飞机50多架。从8日起，以色列空军采取许多战术技术对策，压制阿方地空导弹群，并在地面部队的紧密配合下，才最终突破了阿方的对空防御体系，基本控制了战场上空。

地空导弹

（3）电子战进行得非常激烈，已成为重要的作战方式。战争一开始，以色列空军由于没有广泛使用电子对抗设备压制住对方的电子对抗设备，遭受了重大损失。于是，以色列空军先是采用机载电子对抗吊舱，辅以直升机机载功率强大的电子对抗设备和投放敷金属条等干扰阿方的地空导弹制导系统，但对萨姆—6导弹和高炮不起作用。在总结教训之后，以色列空军改变了战术，改进了装备，在约30%作战飞机上装备了美国的电子干扰设备，其中包括"百舌鸟"反雷达导弹、红外线目标投放器等，还改装了12架"幻影"式飞机作为电子对抗飞机，同时又采取了其他一些加强电子对抗的措施，使航空兵在战争后期的损失明显减少，从而摧毁了阿方大量地空导弹阵地，并最终突破了阿方对空防御体系。

此外，在此次战争中，空运支援活动量大，保证了战争消耗的及时补给；使用直升机进行空中机动作战，对袭击敌方指挥机构、伏击和阻援起了重大作用；侦察卫星用于搜集地面作战情报，起到了一定的作用。这些也都是这次战争中表现出来的一些特点。

黎巴嫩战争中的空中作战

1982年6月4日，以色列借口驻英国大使遇刺，对黎巴嫩发动了一场预谋已久的侵略战争，旨在消灭在黎境内的巴勒斯坦解放组织武装力量。战争主要是在以色列军队和巴解武装、驻黎叙利亚军队之间进行，黎政府军保持中立。以色列在地面部队的进攻发起前，首先出动大批飞机，连续轰炸黎巴嫩首都贝鲁特，并对黎巴嫩的南部巴解武装基地的军事设施实施了轰炸和炮击，巴解武装力量也炮击了以色列北部地区。从6月6日开始，以色列地面部队、空降部队和登陆部队一齐出动，在宽达50多千米的正面战场上，兵分西、中、东3路，在海、空军的支援下向黎巴嫩发起了突然进攻。以军只用了8天时间，向黎境内推进了90余千米，侵占了黎巴嫩约3000平方千米的领土，基本达到了军事目的。在这次战争中，以色列空军一举摧毁叙军地空导弹阵地，在空战中大量击落叙机，大大加速了战争进程。特别是电子战、C3I系统的运用和航空兵战术的运用等表现得比较突出，为夺取战争的胜利起了重要作用。

摧毁叙军贝卡谷地的地空导弹基地。以色列空军为了夺取制空权,消灭对其航空兵威胁最大的叙军防空导弹阵地,早在一年前叙军部署这些导弹时,就使用无人驾驶飞机对其进行多次侦察,对叙军各种地空导弹的精确位置、雷达参数和使用规律都已掌握,并进行了多次针对性训练。6月9日下午2时12分,以色列空军出动各型战斗机、攻击机96架,与E—2C型预警指挥机、波音707型飞机改装的电子战飞机和无人驾驶机组成多功能综合体,向叙军在贝卡谷地的地空导弹阵地实施空袭。

预警指挥机

这些担负不同任务的飞机、编队和机群,由预警飞机统一指挥。在发起突击之前,先查明叙军防空警戒雷达的工作频率,以强大的干扰电波瘫痪叙军防空警戒系统,用无人驾驶飞机进行侦察和诱骗叙军导弹阵地制导雷达开机,针对其频率实施强烈的电子干扰,使叙军制导雷达失灵,导弹失控。发起突击时,综合使用"狼"式地对地反雷达导弹,F—4和F—16型战斗机携带的"百舌鸟"、"标准"空对地反雷达导弹、电视制导空地导弹、战斗机群携带的电视制导炸弹、激光制导炸弹、集束炸弹等,对叙军导弹发射装置进行了大密度的轰炸。在6分钟内,成功地摧毁了叙军在贝卡谷地的19个地空导弹阵地。次日,又以同样的手段将叙军夜间补充的7个地空导弹阵地摧毁,使叙军在贝卡谷地经营了10多年的防空体系毁于一旦。

在贝卡谷地上空展开空战。6月9日下午,当叙军发现以军空袭时,即起飞62架米格—21和米格—23型歼击机迎战。次日,当92架以机再次攻击贝卡谷地防空导弹阵地时,叙起飞54架飞机迎战。但叙利亚飞机每次起飞后,都遭到强烈的电子干扰,通信联络中断,雷达迷盲,飞行员失去与地面的联络,只能用目视搜索敌机,很难在远距离上发现目标,从空战一开始就陷入被动境地,两次空战没有击落1架以机。而以色列空军凭借E—

2C型预警指挥飞机的现代临空指挥能力,用欺骗手法引诱叙机进入以机待战空域,迫使叙军飞行员在不利情况下投入空战。空战中以机又用可以全向攻击并能离轴发射的"响尾蛇"、"蜻蜓"格斗导弹等高技术武器寻机歼敌,致使叙机被击落58架,遭到了惨重损失。在整个战争中,叙机被击落84架,以机在空战中无损失,只有3架飞机被叙地面武器击落。

以色列空军在这次战争中,还曾出动大量飞机支援地面军队进攻作战,向地面指挥员提供情报,保障地面军队顺利地开进和展开;实施航空火力支援,为地面进攻扫除障碍;进行机降和空运等。这些也都对加速战争进程起了重要作用。

以色列入侵黎巴嫩战争的空中作战,有2个最明显的特点:①用担负不同任务的飞机、编队和机群组成多功能综合体,由预警飞机担任空中指挥。它能获取对方大纵深内的情报,能快速下达命令,有效地把各种战斗力组织协调起来形成为一个整体,使作战行动协调一致,火力运用集中、猛烈,仅6分钟时间就摧毁了叙军在贝卡谷地的19个地空导弹阵地。相比之下,叙军无空中指挥系统,一旦与地面联络中断,飞行员无法了解空中敌情,就难以应付复杂的空战局面。②电子战发挥了重要作用。战前,以军制定了周密的电子战计划。进攻发起后,使用大量遥控无人驾驶飞机吸引

格斗导弹

叙防空雷达,进行电子侦察,并派出波音707电子对抗飞机和E—2C型预警指挥飞机搜索叙军雷达的实时频率,有针对性地实施电子干扰。以军的战斗机和轰炸机也都装有电子战系统。这些装备基本实现了操纵自动化,可以干扰叙军导弹的制导雷达,发现空对空导弹威胁时可以自动实施干扰进行欺骗,还能够引导自己的导弹攻击目标。以色列空军通过电子战,有效地压制了叙军的电子设备,对摧毁叙军地空导弹阵地和取得空战胜利,都起了关键性作用。

英国、阿根廷空军及在马岛战争中的空中作战

英国空军是世界上最早建立的一支独立空军,走过了漫长的道路。到 20 世纪 80 年代初,已建成一支中等规模、装备较好、训练有素、战备水平高、能执行各种作战任务的协调发展的空中力量。阿根廷空军是在争取民族独立、反对外来侵略的斗争中发展起来的,是拉美诸国中规模最大、实力最强的一支空中力量。在 1982 年 4 月 2 日至 6 月 14 日,两国围绕马尔维纳斯(英国称福克兰)群岛(简称马岛)主权归属进行的战争中,英、阿双方航空兵以夺占岛屿为目的,展开了第二次世界大战后规模最大的现代海、空争夺战。在 74 天陆、海、空三军协同作战中,双方航空兵发挥了重要作用,取得了良好战绩,也都有各自的经验教训。

第二次世界大战后的英国空军

第二次世界大战后,英国空军的地位和作用大大提高,空军建设有了较快的发展。1948 年,截击机中队全部换装了喷气式飞机。20 世纪 50 年代先后装备了"堪培拉"喷气轰炸机"猎人"式歼击机,并装备了世界上最早的一种三角翼"火神"轰炸机,作为核攻击的主要力量。1956 年开始研制空空导弹。20 世纪 50 年代末至 60 年代后期,英国空军曾走过一段曲折的道路。1957 年英国防部有人认为飞机将为导弹所取代,决定停止研制新型轰炸机和歼击机。英军对轰炸机和歼击机部队分别裁减 50% 和 90%,并把战略核攻击任务交给海军。后来,认识到飞机和导弹有着不可相互替代的作用,遂又开始重新研制新机。1969 年,英国空军装备了新研制的"鹞"式飞机,这是世界上第一种垂直起降固定翼飞机。为了加快装备更新,英国空军一方面从美国进口"鬼怪式"飞机,另一方面积极与他国联合研制新型战斗机。20 世纪 60 年代末至 70 年代,先后与法国联合研制了"美洲虎"超音速攻击/教练机,与西德、意大利联合研制"狂风"多用途战斗机,使武器装备状况有了很大改善,提高了空军的作战能力。到 80 年代末,英国空军共有兵力 9.35 万人,装备各型飞机 1600 架,其中作战飞机

762 架。

第二次世界大战后，英国空军参加了两次局部战争，即 1956 年的第二次中东战争和 1982 年的马岛战争，都起了重要作用，也暴露出一些问题。在总结战争实践经验的基础上，英国空军加强了武器装备的现代化建设，重点是提高作战飞机全高度、全天候、全方位空战能力，改善机载武器和电子设备的性能，努力把空军建成一支装备精良、训练有素、数量适中、攻防兼备、能遂行多种作战任务的现代化空中力量。

阿根廷空军

阿根廷空军是 1945 年 1 月 4 日在陆军航空队的基础建立的与陆、海军平行的独立军种。第二次世界大战后，阿根廷政府很重视发展空军，一方面向国外大量订购飞机，到 20 世纪 40 年代末就采购了 60 架各型飞机，其中包括 100 架英国生产的 F—4 流星式喷气歼击机；阿根廷政府一方面充分利用本国的飞机制造工业，生产了 200 架轰炸机和高级教练机，使阿空军成为当时拉美国家中第一个装备喷气式作战飞机、实力最强的一支空中力量。

轻型攻击机

20 世纪 50 年代末至 70 年代，阿空军不断更新陈旧的装备，先后采购了美国的 A—4 "天鹰" 攻击机、法国的 "幻影"、英国的 "堪培拉"、以色列的 "短剑" 等型作战飞机，还自行设计生产了 IA—58 "普卡拉" 轻型攻击机。在 1982 年 4 月至 6 月发生的英、阿马岛战争中，阿空军在处境困难的情况下，英勇作战，表现卓越，受到世界各国的高度评价。战争结束后，阿空军总结了经验教训，针对薄弱环节，通过购买先进作战飞机和改进现有飞机；研制先进电子设备，提高电子战能力；尽可能多地采购先进的精确制导武器等多方面努力，加速空军武器装备的现代化，使空军建设更适应未来战争需要。到 20 世纪 80 年代末，阿根廷空军共有兵力 1.5 万人，装

备各型飞机 446 架，其中作战飞机 190 架。

马岛战争中的空中作战

1982 年 4 月 2 日，阿根廷陆、海、空三军突击队 4000 人，突然袭击并占领马岛。4 月 3 日，英国政府决定派兵重占马岛。5 日，英国一支强大的特遣舰队驶离英国本土，开赴南大西洋。4 月 30 日，驶抵马岛海域的英国特遣舰队完成了对马岛周围 200 海里海上、空中封锁的部署，并宣布实行封锁。5 月 1 日，英国战略轰炸机首次空袭马岛首府机场。5 月 20 日至 21 日，英军在圣卡洛斯水域登陆时，阿以航空兵实施反击，空袭英军舰船。但阿根廷地面军队未进行反击。英军登陆后与岛上阿军经过 3 周激战，阿军战败。6 月 14 日 21 时，阿军宣布投降，马岛战争至此基本结束。在战争中，英、阿双方航空兵主要遂行争夺制空权、反舰反潜作战、支援登陆、抗登陆和岛上作战以及保障特种分队的机降作战任务，发挥了重要作用。

争夺制空权。5 月 1 日，英空军和海军航空兵的第一个行动，就是联合实施对马岛的机场、雷达站和阿守军阵地等主要目标实施空袭，这次空袭共组织 4 个波次。空袭的结果，使斯坦利港机场和古斯格林机场遭到中度破坏，短时间内不能使用。这就迫使阿航空兵从远离战区的大陆机场起降，只能以飞机的极限作战半径飞临战区，空中战斗时间仅有 2～3 分钟，空战时飞行员担心油料耗尽坠海而都不敢使用加力。这些都限制了阿航空兵兵力优势和飞机战术技术性能的发挥。因此，阿航空兵只在开始阶段主动与英"鹞"式飞机进行过空战，以后主要是突击英军的水面舰船，尽量避免空战。英空军则发挥"鹞"式飞机的特长，在空战中取得了 23∶0 的战果。同时，英军为了保护舰队，建立了综合兵器防空系统，

马岛战争

其中包括电子系统、歼击机、高炮和地空导弹。在防空作战中，这个综合防空系统击落阿机86架，空中优势落到了英军手中，为英军岛上作战创造了有利条件。阿军在夺占马岛以后，在岛上部署了为数不多的地面防空兵器，包括"罗兰"式地空导弹、"吹管"便携式导弹以及少量高炮，也给了英机以严重威胁，并取得不小的战果，击落英军"鹞"式飞机5架，并击落击伤直升机多架。

反舰反潜作战。4月25日，阿潜艇"圣菲"号被英军击伤，并被俘获。5月2日，阿巡洋舰"贝尔格拉诺将军"号又被英核潜艇击沉。阿海军为避免再遭损失，停泊大陆沿岸基地无心出战。反舰反潜作战任务主要落到了阿空军和海军航空兵肩上。阿航空兵使用"超军旗州"、"天鹰"和"幻影"等型飞机，靠飞行员英勇顽强的精神，熟练的技术和灵活的战术，先后击沉英导弹驱逐舰"谢菲尔德"、"号产考文垂"号和集装箱船"大西洋运输者"号等舰船6艘，击伤10艘，取得了毁伤英舰队13%舰船的显赫战果。但是终因飞行员伤亡过重，飞机、器材、弹药得不到及时补充，未能粉碎英军的海、空封锁。英特遣舰队面对阿军飞机和潜艇的严重威胁，为增强作战能力，给"猎迷"式反潜巡逻机紧急加装了空中加油设备、空空导弹和空舰导弹，不少直升机上也加装了反舰导弹、深水炸弹等多种反潜武器。在反潜作战中，英军舰载航空兵取得了不少战果。阿军被击沉的8艘舰船中，有5艘是被飞机、直升机击中的。

支援登陆、抗登陆和岛上作战。阿根廷的C—130型运输机机降突击队占领斯坦利港机场，揭开了马岛战争的序幕。舰载直升机运送后续部队及其装备上岸，加速了登陆作战进程，迅速控制了马岛。到4月底，又从本土向马岛空运增援部队9800人，空运作战物资5500吨，支援了马岛守军。但是后来，当英军在马岛登陆时，岛上阿军丧失了乘英军登陆部队立

C—130型运输机机

足未稳实施突击的有利时机，没能发挥重大作用。

英军在登陆时，直升机发挥了很大作用，不仅运送首批登陆部队快速着陆、保障主力部队随后上岸，运送了大量武器装备和作战物资上陆，还阻止了守岛阿军之间的增援。"鹞"式飞机和舰炮为掩护主力部队上陆，也实施了火力袭击。因此，英军顺利登陆和巩固了登陆场，完成了陆上进攻准备。

在岛上作战中，英、阿双方航空兵主要是支援地面军队的攻、防作战。在达尔文和古斯格林战斗中，英、阿双方都出动飞机支援攻、守部队。当英军分两路向斯坦利港推进时，阿航空兵多次出动，轰炸圣卡洛斯和达尔文港英军陆地和物资，但是效果甚微。保障特种分队的机降作战。英国将"特别空中勤务团"、"特别舟艇中队"编入特混舰队战斗序列。在航空兵的保障下，他们在马岛战争中进行特种作战，发挥了重要作用。他们潜入南乔治亚岛，为主力部队登陆提供实时情报，引导主力部队冲击，或背后侧击，保证了英军在该岛奇袭登陆成功，使该岛成为英军的前进基地；他们夜袭佩布耳机场，炸毁阿根廷飞机11架，减轻了登陆时的空中威胁；他们乘直升机隐蔽潜入马岛，搜集、提供各种情报，并在部队发起登陆攻击之前，实施佯动袭击，迷惑欺骗阿军，达成了英军大批登陆的突然性，等等。他们的作战行动，被人们认为是在关键时刻起到了关键性作用，引起了世界各国的重视。马岛战争以后，英、阿双方空军都总结了经验教训。阿根廷空军认识到，制空权在现代海战中的重要性更加突出。虽然夺取制空权需要多兵种联合作战才能实现，但是，航空兵仍是夺取制空权的主导力量。阿根廷空军面对占有海上绝对优势的英国特遣舰队，表现了非凡的勇气，给予英国舰队以沉重打击。但是，由于自身损失惨重，夺取制空权的目的没有达到，空中优势逐步转移到了英军手中，从而失掉了取胜的基础。阿空军还认识到，老式航空武器装备只要不断改造、革新并运用得当，仍能取得重大战果。而新型的、先进的武器装备，特别是精确制导武器在现代战争中的作用越来越突出。阿空军认为，他们损失的飞机，绝大部分是被各型导弹击落的，而他们自己也是仅以少量的空对舰导弹，就击沉了英国大型舰船。阿空军如果有足够的精确制导武器，对战争的结局将会产生重

大影响。英国空军通过战争实践，看到了垂直起降飞机的重要作用，更加重视垂直起降飞机的地位。英空军认识到，没有高性能空中预警机，缺少空中加油机、大型远程运输机不足、电子战的能力不强，都是这场战争中暴露出来的问题。

美国空军袭击利比亚

1969年9月，卡扎菲上台执政后，采取联苏反美政策，先后收回美军在利比亚的空军基地，废除同美国签订的军事、经济、技术等协议，将英国在利比亚的石油公司收归国有，迫使英国撤出利比亚的海空军基地，还企图阻止美舰艇随意出入锡尔特湾。与此同时，卡扎菲积极联苏，大量引进苏式装备和苏联人员，允许苏联利用利比亚机场、港口和建立战略空军基地，从而成为美国争夺地中海沿岸地区的障碍。卡扎菲还扬言与美国为敌，对美实施恐怖行动。在1986年3月24日至25日，利比亚舰艇和防空导弹阵地遭到美军袭击后，双方关系更加紧张。随后，当美国认定4月2日其一架波音—727型客机在希腊上空舱内炸弹爆炸；4月5日西柏林迪斯科舞厅发生爆炸，这两次事件均系利比亚所为时，便决定再次对利比亚实施打击。这便是4月15日美军空袭利比亚的直接原因，而更深刻的原因则是美、苏争霸的结果。

波音727型客机

利比亚的空中力量

利比亚空军建立于1959年，当时只有埃及和英国赠送的4架轻型飞机。1963年和1968年，先后从美国获得了一批T—33、AC—47和F—5型飞机，使利空军初具作战能力。1969年卡扎菲上台后，利、美关系紧张。利比亚

空军于1970年向法国订购了58架"幻影"—SD型歼击轰炸机、32架"幻影"—SDE型截击机、10架"幻影"—SDR侦察机和22架"幻影"—SDD型、"教师"式教练机，以及19架直升机，并聘请法国、埃及和巴基斯坦空军人员，帮助培训本国飞行人员。

1973年，第四次中东战争之后，卡扎菲积极联苏，大量引进苏式武器装备，买进了一批作战飞机，包括图—22、米格—21、米格—23、米格—25、苏—22等型飞机和防空武器系统。1975年，利比亚又向法国订购了32架"幻影"F1—AD、F1—ED型歼击轰炸机和6架教练机，向南

教练机

斯拉夫订购了50架G—2"海鸥"式喷气教练机，向意大利订购了20架运输机和16架直升机，并雇佣大量外国飞行员。从1978年开始，才立足于国内培养飞行员。利比亚空军是非洲各国中一支装备比较先进的空中力量。但是，由于人员文化水平低，缺少掌握高技术武器装备的专业人才，又缺乏严格的军事训练，因此不能形成强大的战斗力。到20世纪80年代末，利比亚空军共有兵力9000人，编为24个中队，装备各型飞机891架。另外，陆、海军还装备直升机66架。

世人瞩目的18分钟空袭

1986年4月15日，美机对利比亚首都的黎波里和北部重镇班加西，进行了一次"外科手术式"的空袭。这是美、利军事冲突的再次升级。在此之前的20天里，美国曾于3月24日至25日，使用海军A—6、A—7型舰载攻击机对利比亚海岸和海上目标进行了两次攻击，打死150人，击沉导弹巡逻艇2艘、重创3艘，摧毁萨姆—5地空导弹阵地2个。此后，利比亚加紧了针对美国的恐怖活动。美国为了打击卡扎菲的反美锐气，特别是打击利

比亚针对美国的恐怖活动，消除美国与苏联争夺地中海的一个障碍，便决定再次对利比亚实施打击。美军这次空袭利比亚的行动计划叫做"黄金峡谷"计划。此计划在4月9日经美国总统里根批准后，美军便对空袭行动进行精心筹划，对空袭的组织指挥进行了明确的分工，选择了空袭时间和攻击目标，几天之内便做好了空袭准备。

4月14日19时（的黎波里时间，下同），美空军F—111F型战斗轰炸机24架（内有备用机6架）、EF—111A型电子干扰机5架（内有备用机1架）、KC—10型空中加油机8架和KC—135型空中加油机20架，分别从英国拉肯希思、上赫福德、费尔福德和米尔登霍尔4个基地起飞。因法国和西班牙反对美空袭飞机穿越其领空，飞机起飞后绕道大西洋，穿过直布罗陀海峡进入地中海，向利比亚实施远程奔袭，经4次空中加油，飞行1.038万千米。15日凌晨零时20分，16架F—111F型飞机飞抵距利比亚海岸约500千米的地中海上空，经空中协调后，绕过突尼斯阿达尔角，即分3路直飞的黎波里。

与此同时，已在地中海的舰载机40余架也起飞升空，飞向既定目标。凌晨2时，美空、海军飞机对利比亚首都的黎波里附近的阿齐齐耶兵营、阿克巴本纳菲军用机场和西迪比拉尔军港、班加西附近的"民众国"兵营和贝尼纳军用机场等5个军事目标，同时实施了攻击。在对上述5个目标实施攻击的前几分钟，美海军航空兵还袭击了利比亚沿海的雷达站和部分地空导弹制导雷达。

舰载攻击机

整个轰炸袭击行动持续了18分钟，投弹100余吨，利比亚的5个军事目标遭到严重破坏，14架飞机被炸毁，5座雷达站

被摧毁，100余人被炸死，600余人被炸伤。美军1架F—111F型飞机被利防空部队击中，坠入地中海。其余美机于2时13分完成袭击任务后，全部安全返回。美军这次远程奔袭作战，准备周密，行动突然，战术灵活，充分发挥了高新技术的优势，仅用18分钟时间就圆满完成了任务，令世人瞩目。

现代局部战争中空中作战的新样式

美军这次远程奔袭利比亚，把多机种合同作战样式提高到一个新水平。20世纪60年代，美国空军在越南战争中，大量使用新式飞机和新式武器，导致空中作战开始出现了多机种组成的综合实体，实施合同作战的新样式，并在认识上有了飞跃，不再把空军作战方面的问题看成是单一的东西，而是把它作为一个综合体系来考虑，在实施后卫战役时组成有空中预警机、侦察机、电子对抗飞机、掩护和突击飞机以及空中加油机参加的综合作战群体。这种新的合同作战样式，成为这一战役取胜的重要关键。自那时以来，实施空中合同作战的重要意义，被越来越多的军事指挥员所认识，并在局部战争中加以运用。苏联在1979年入侵阿富汗战争中，创造了武装直升机、强击机、轰炸机协同作战的战术；英国在1982年马岛战争中，英空军组织了垂直起降飞机、直升机、运输机、远程轰炸机、空中加油机的协同作战；在1982年黎巴嫩战争中，以色列在贝卡谷地上空使用各型飞机96架，组成多功能综合体，在预警飞机的统一指挥下，充分发挥各自的能力，在6分钟内就成功地摧毁叙军的19个地空导弹阵地。表明了多机种合同作战样式开始趋向成熟。

远程轰炸机

美军这次空袭利比亚，其海军和空军两个军种所属的4个兵种，共出动12个机型100余架飞机，虽然编组较多，又是在漆黑的暗夜，但是，达到了协调一致，配合默契。在空袭中，由E—2C型空中预警飞机临空指挥，从对利比亚的指挥、控制、通信和情报系统实施全面干扰，到压制利比亚防空警戒雷达和地空导弹制导雷达，为突击编队开辟通路，直到对5个目标进行突击，一环紧扣一环，进行得有条不紊，保证了作战任务的圆满完成。这次成功的海、空军联合作战，使多机种合同作战样式又得到发展，成为现代局部战争中空中战场上最有效的作战样式

空军建设发展的趋势

在新时期，世界战略格局发生重大变化，一方面是和平与发展构成世界潮流的主流，爆发全面战争的可能性减小；另一方面动荡不安的因素依然严重存在，局部战争和突发事件随时可能发生。美国和苏联两个超级大国长期大规模的军备竞赛给本国带来沉重负担，使其国力相对减弱，随着苏联的解体世界格局多极化倾向更为明显。在新旧战略格局交替和转换时期，各国开始新的战略调整，军事战略以应付局部战争为主。空中力量不仅仅是实施突然袭击、主体作战和快速反应的决定性力量，而且在局部战争中的威慑作用远远大于其他军种。空军在各国军事战略中的作用和地位进一步提高，空军建设发展进一步受到重视。世界主要国家空军发展总的趋势是：

适当压缩规模，重视质量建设

压缩规模，提高质量，是新形势下大多数国家奉行的建军方针。其原因：①国际形势相对和缓，大国间军事冲突的可能性减小，世界范围的全面战争更难以打起来；②安全观念转变，从单纯军事安全转向全面安全，从追求单纯军事优势转向展开综合国力竞赛；③武器价格上涨过快，在和平时期军费总是限制在国民经济的一定比例内，虽然各国的军费每年都程度不同的呈上升趋势，但是军费的上升赶不上武器装备价格的上涨速度，

所以压缩部队规模成为节省军费的重要出路之一；④科技发展，使武器装备效能提高，训练方法改进，因而适当减少数量，仍能满足作战需要。

在质量建设上，首先是武器装备的建设。武器装备是组成战斗力的重要因素，在其他因素相同的条件下，提高武器装备的质量和效能可以成倍甚至数十倍地提高部队战斗力。例如，一架先进的作战飞机可以相当于几架、几十架老式飞机的作战效能。提高武器装备质量的主要途径：①以新换旧，升级换代；②以先进技术改造老旧飞机，或以飞机作平台改装先进的电子设备和武器，或两者同时进行；③增加科研投入，加强新技术研究和储备。

由于空战环境将越来越复杂，武器装备、战场目标和作战手段向多样化、综合化、系统化和一体化方向发展，空袭作战和防空作战日益成为两大系统的综合对抗。今后空军建设将更加强调提高综合作战能力。空军的战斗力不仅取决于飞机的数量和质量，而且还取决于航空武器装备是否协调配套。只有全面、系统、协调地发展，才能形成最佳整体作战效能。

值得一提的是，20世纪末与美、俄等大国空军裁减军备，适当压缩规模形成鲜明对照的是，部分中、小国家正在加强空军建设，如日本、印度、韩国等国和东盟、中东、海湾地区各国竞相采购或引进、仿制、研制新型作战飞机，替换老式飞机。海湾战争后，这些国家进一步加速空军武器装备的更新换代。这些国家的空中力量不但数量增加，质量也将有较大提高。它们在采购或引进先进作战飞机时，将注重增强空中攻击能力，将防御型的空中力量建成攻防兼备型的空中力量。

虽然总的趋势是压缩规模，但各国空军兵力在三军中所占比例和空军军费在国防费总支出中的比例，都呈逐步上升的趋势。这是因为随着科学技术的进步，空军作战能力增大，空军承担的任务也比过去增加了许多。而且，尽管地面军队的火力逐年加强，但是对空中火力支援的依赖程度却有增无减。更主要的还是空军在各国战略中的地位和作用提高，许多国家在武装力量的建设中重点投资空军，加强空军建设。

对现役飞机进行现代化改进

多数国家空军将采用改进旧武器装备，适当采购新式武器装备的方法逐步提高质量。重点是利用高新技术改装现役飞机。由于新式飞机研制周期长、费用大，使新机价格昂贵。这种情况迫使一些国家不得不放慢研制和换装新一代飞机的进度。

减少飞机机种和型号，重点提高飞机的生存能力

飞机是空军的基本武器装备。由于空军任务繁多，技术复杂，为完成各种特殊任务，过去的做法是通常赋予飞机某种特定性能，从而形成不同机种和机型。随着技术日益复杂，新飞机研制周期延长，价格上涨，出现型号减少的趋势；随着科学技术的发展，高新技术的应用，飞机已能够具备多功能性能，一架飞机可以执行多种任务，或采用重写软件和在外场装卸软件的设计，使之适应新的作战要求。飞机按功能分主要有歼击机、轰炸机、预警指挥机、电子对抗飞机、运输机、空中加油机等几种。

作战飞机发展经历了从强调速度到更重视综合作战效能的过程。一些发达国家正在加紧研制的下一代飞机，将广泛采用隐身技术、新性能发动机、新的航空电子设备和先进的机载武器，提高飞机的高、低空性能、攻击性能和电子对抗能力。战术飞机将具有超音速巡航能力，具有良好的机动性和敏捷性以及短距起降能力，还将具备较高的自动化、信息化和综合化能力。

电子对抗飞机

机载武器精导化、远投化、集束化和通用化

空战武器今后可能出现激光炮，但仍将以空空导弹为主，航炮为辅。空空导弹是飞机空战的主要武器。第四代空空导弹将具备全天候、全高度、全方位、超视距和多目标的攻击能力，并具有"发射后不管"能力和攻击高机动目标的能力，体积和重量有所减少而命中概率会有所提高。机炮将采用综合火力飞行控制系统，实现前半球攻击，射速和杀伤威力将进一步提高。

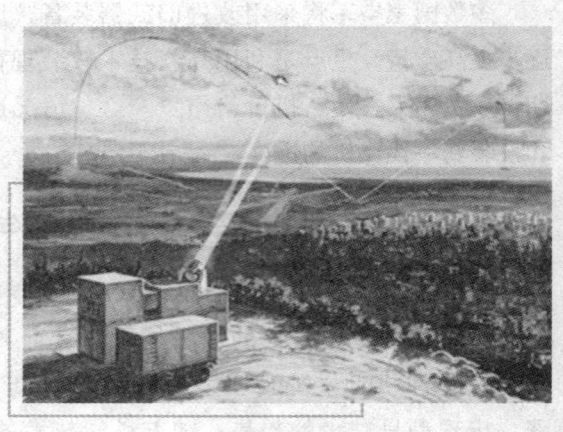

激光炮

对地（海）攻击武器重点发展空地导弹和制导炸弹。其趋势是采用新材料和先进的气动布局，具有隐身性能；改进推进技术，增加射程和射速；以先进的激光、红外、毫米波和电视等制导技术，提高命中精度和发射后不管能力，向智能化方向发展；研制新的战斗部，采用集束式高动能穿甲弹头和各种特种弹头，增大杀伤破坏威力。

软武器装备将得到重视

未来的空中作战将首先是电子对抗作战。因此，各国在重视飞机、导弹、高炮等硬武器装备的同时，更注意协调发展 C31 系统（指挥、控制、通信、情报）和电子对抗等软武器装备。实践证明，机载电子设备、电子对抗装备和 C31 系统已成为空中进攻和防空作战力量的倍增器。软武器装备的发展主要是一体化、小型化、模块化和智能化。比如，为了适应未来空袭和防空作战一体化对抗的要求，将发展一体化的 C31 系统。这种系统由侦察和预警系统、保密数字通信系统、电子化指挥决策系统和电子对抗系统等组成，能够快速、准确地收集和处理各种信息数据，预测各种威胁，

判断最大威胁并选择最佳作战方案指挥部队作战。有的国家已将 C31 系统和武器装备控制系统的发展结合起来作为一个整体考虑，在研制新的武器系统时，把 C31 系统的主要组成部分纳入总体综合设计之中，提高武器的快速反应能力和自动化程度。电子科学技术在军事装备上的广泛应用，使现代军事装备进入"电子化"新时代。现代军事战略情报与战术情报侦察系统，战场目标探测与识别系统，武器自动控制与自动跟踪搜索的系统，指挥控制通信系统，都是电子技术的产物。电子设备已不仅是军事装备的配套装置，而且日益成为军事装备的主导部分。未来战争，无论是核战争或常规战争，全面战争还是局部战争，作战双方都将首先在电磁领域展开斗争，而且贯穿始终。电子对抗的胜负将在很大程度上影响战争的进程和结局。

发展军事空运，提高远程机动能力和特种作战能力

建立快速反应部队，加强空运能力

当前和未来可能发生的战争形式，主要是高技术的局部战争。由于局部战争突然性增大，节奏加快，按以往的常规方法和步骤准备和进行战争，必然导致被动，并可产生严重后果。在快速反应部队中，除了空中突击力量本身具有快速机动的特点外，空降兵、特种部队、轻装师等要依靠运输航空兵实施空中机动，不但部队要空运，装备和供给也要紧急空运。加强空运能力是一个十分重要的问题。

空军将在低强度战争中发挥主要作用

这里所说的低强度冲突包括恐怖行动、非正规战争和小规模常规战争，它是局部战争的一种样式。低强度作战都力求速战速决，避免久拖不决，而空军最符合灵活、快速和高机动性等低强度作战要求。不少国家都建立有组织健全、装备特殊的专门对付低强度冲突的特种作战部队。在各国所建立的特种部队中，空军都占有较大比重。

为适应低强度冲突和局部战争的需要，各国将大力提高远程机动、军事空运和特种作战能力。20世纪80年代美国和苏联等一些国家认为，大力发展空中运输力量，可使部队先敌抵达、展开，夺取战略主动权。到了21世纪美、俄等国的战略飞机都具有远程机动和打击能力，在加油机的支援下，可连续飞行10多个小时，甚

大型运输机

至可以直接到达万余千米以外的地方执行作战任务。在海湾战争中，美空军在很短时间内就将数百架飞机部署到海湾地区，可见其强大的远程机动能力。美国到20世纪80年代末，已拥有1000多架大型运输机，在今后几年内还将采购100多架C—17新型运输机，并将对现有运输机进行改进改装，以增加载运量和延长使用期。苏联虽已经解体，但其军事实力基本上转至俄罗斯，俄罗斯空军拥有运输机近千架，而且拥有世界上最大的运输机。英、法、印、日等国空军也在积极采购运输机，提高空运能力。

一些大国将加快发展航天兵器

随着人类活动向外层空间的扩展，一些国家的军事活动也扩展到外层空间。现在外层空间绕地球轨道上数以千计的人造卫星，大多数直接或间接地用于军事目的。目前这些卫星还只能担负通信、导航、侦察等保障陆、海、空军作战任务。随着科技的发展，进攻性航天兵器如航天飞机、航天站和航天

航天飞机

动能武器等的出现，势必发展形成一个新的兵种或军种——航天兵。现在除美国和俄罗斯以外，日本和西欧等都在研制航天飞机，未来的航天飞机不仅能起到人造卫星、货运和载人飞船的作用，甚至能起到小型空间站的作用。而且将可能出现直接参加作战的航天歼击机、航天轰炸机等。航天飞机将是未来天战的重要装备。

航天和航空活动关系十分紧密。进攻性航天兵器在发展初期，只能作为航空兵器作战的补充手段。美国空军已经在研究航天作战概则。在研究制定空军规划预测中，就有关于进攻性航天兵器的项目。这些迹象表明，未来空军将首先建立航天兵。

网络中心战能力加强

随着信息技术的发展，信息化战争形态正在发生深刻变化，网络中心战能力不断加强，实时的精确打击能力进一步提高，一体化联合作战能力不断发展，信息战的比重逐步增大。为适应信息化战争发展的要求，争取战略的主动权，世界空军正在大力发展信息化武器装备，

隐身战斗机 F—22

尤其是作战平台和侦察监视设施，两者都很重要，两者都摆在了各国空军装备发展的突出位置。美国防部发布的《实施网络中心战报告》，完善了网络中心战的概念及理论，提出未来实施网络中心战的策略，进一步统一了美军网络中心战建设的思想，从总体上规划了网络中心战的未来发展方向。与此同时，美军还对近几年的网络中心战能力建设进行总结、研究与分析，启动网络中心战的应用案例研究，希望通过对实践的研究分析进一步完善理论，并为理论更好地指导实践提供依据。美空军新版展望文件透露，为提升网络战能力，美空军将建立一个类似"网络司令部"的机构，来指导

美空军的电子战。目前，美国空军正在对长期服役的 B—52 轰炸机升级，使之具备信息共享和网络中心战能力。对于新一代隐身战斗机 F—22，美军称，尽管其电子战能力十分强大，但网络中心战能力不足。为 F—22 提供网络中心战能力，已成为未来 F—22 项目发展的重点。此外，英国、印度、澳大利亚和法国等也开始高度重视网络中心战建设，根据自身情况，选择适合本国的网络中心战发展道路。

电子攻击机

总之，空军未来发展将是编制更加精干，指挥更加灵活，作战任务多样化，作战活动一体化，将更加重视人员素质的提高和装备的更新换代。随着高科技的迅速发展和武器装备的不断改进，空军的作战能力、机动能力和生存能力将进一步提高。因此，一方面，空军在合同作战中的地位和作用日益重要，在局部战争和突发事件中将首先使用，并可能起主要作用。另一方面，空军独立完成战役、战略作战任务的能力将大大增强。有时单独使用空军即可达成一定的战略目的，而不冒招致大战的风险。空军对未来战争的进程和结局将产生越来越大的影响，因此许多国家都将更加重视加强空军的建设，空军的发展将会出现新的前景。